빅 커리어

BIG CAREER

업의 발견
업의 실행
업의 완성

빅 커리어

박상배 지음

다산북스

| 프롤로그 |

직장이 아닌 빅 커리어에 미래가 있다

우리나라 젊은 친구들이 가장 선호하는 직장은 국가기관이나 대기업이다. 대기업은 예나 지금이나 선망의 대상이지만 공무원이 인기 직종으로 급부상한 것은 IMF 이후부터다. 평생직장의 개념이 사라지며 열심히 일해도 정년을 보장받지 못하고 일찌감치 해고당하는 사람들을 보면서 연봉이 낮더라도 안정적으로 정년까지 일할 수 있는 공무원을 선호하기 시작한 것이다.

실패학의 대가이자 '수퍼보스' 창시자인 시드니 핑켈스타인 교수는 "청년이 공무원 혹은 대기업에 취직하는 게 꿈인 나라는 희망이 없다"고 말했다. 나 또한 그 말에 전적으로 공감한다. 무한한 가능성을 가진 청년이 도전보다 안정을 꿈꾸는 한 지금보다 나은 미래를 기대하기 어렵다.

하지만 공무원이나 대기업 입사를 꿈꾸는 젊은이들을 탓할 수는 없다. 도전을 하기에는 미래가 너무도 불확실하다. 더군다나 우리 사회는 실패를 하면 쉬이 낙오자 취급을 하고, 다시 일어설 기회를 주지 않으며, 사회적 안전망도 제대로 구축되어 있지 않다. 이런 상황에서 무작정 "왜 도전하지 않느냐"고 묻는 것은 무책임한 일이다.

대기업을 선호하는 현상도 마찬가지다. 인재를 구하지 못해 발을 동동 구르는 중소기업도 많다. 그런 중소기업들을 보면 우리나라의 청년 실업률이 높고 취업난이 심각하다는 것을 잠시 잊을 정도다. 실제로 어디든 취업하려 들면 자리는 있다. 다만 대기업과의 차이가 너무 큰 것이 걸림돌이 된다. 연봉은 절반도 채 안 되고, 근무 환경은 열악하며, 복지는 형편없다. 시간이 지날수록 대기업과의 격차가 더 크게 벌어지니 시간과 노력이 더 들더라도 처음부터 대기업에 입사하고 싶어 하는 것은 당연하다.

그렇다면 공무원이 되거나 대기업 취업에 성공한다면 행복한 미래가 보장될까? 평균수명 100세 시대에 기본적인 의식주 걱정 없이 하고 싶은 일을 하면서 풍요롭고 즐겁게 살 수 있을까?

단호하게 말하건대, 결코 아니다. 미래는 어떤 직장에 취업했는가에 의해 결정되지 않는다. 꿈에 그리던 대기업에 입사했다 해도 일에 적응하지 못해 1년도 채 안 돼 그만두는 사람이 많다. 한국경영자총협회의 자료에 따르면 2017년 대졸 신입사원의 1년 내 퇴사율은 27.7%나 된다. 게다가 모질게 마음먹고 버틴다 해도 20년 이상 일할 수 있다는 보장이 없다. 40세만 넘어도 명예퇴직을 걱정하는 것이 대기업 사원의 현실이다.

공무원도 마찬가지다. 월급은 적더라도 철밥통이라 불릴 만큼 안정적이라는 이유로 사람들이 선호했지만 공무원 조직도 변하고 있다. 더 이상 공무원도 평생직업이라고 볼 수 없다. 게다가 공무원의 이점 중 하나였던 '공무원연금'도 '국민연금'과의 형평성 문제로 끊임없이 도마 위에 오르는 실정이다. 월급도 적고, 정년도 보장이 안 되고, 연금의 이점마저 없어진다면 공무원을 희망하는 사람은 아마도 대폭 줄어들 것이다.

세상 어디에도 행복한 미래를 보장해줄 평생직장은 없다. 그래서 우리는 직장이 아닌 '커리어'에 주목해야 한다. 커리어는 단순히 직장, 직업을 의미하지 않는다. 어떤 특정한 일을 하면서 쌓은 경력이라는 의미를 포함하고 있다. 결국 커리어는 직업이나 직장의 개념을 넘어 내가 하고 싶은 일을 꾸준히 하면서 발전시켜 나가는 것을 의미한다.

행복한 미래를 위해서는 어떻게 커리어를 쌓고, 어떻게 발전시켜나갈 것인가를 지속적으로 고민해야 한다. 당장 현재 먹고 사는 문제를 해결하기 위한 일이 아니라 나이가 들어서도 해고 걱정 없이 즐겁게 일하고, 인간다운 삶을 유지하는 데 필요한 경제적 여유를 가질 수 있는 커리어가 필요하다. 그러려면 삶 전체를 바라보며 커리어를 설계해야 하는데, 이것이 바로 '빅 커리어'다.

빅 커리어는 내가 열정을 바쳐 하고 싶은 일을 찾는 것부터 시작한다. 하지만 그 다음이 더 중요하다. 많은 사람이 하고 싶은 일을 찾는 것만으로도 충분하다고 말하지만 사실은 그렇지 않다. 빅 커리어를 완성하려면 과정에서 충분한 성과를 내야 한다. 그저 하고 싶은 일을 열심히 하며 즐거웠던 수준에서 끝난다면 그건 빅 커리어를 만든 것이 아니라 취미생활을 한 것에 불과하다.

하고 싶은 일을 찾아 열심히 하는데도 성과가 나지 않아 고민하는 사람이 많다. 열정이 부족해서라기보다는 방법을 몰라서 그렇다. 그런 분들을 위해 효과적으로 빅 커리어를 쌓고 완성할 수 있는 방법을 이 책에 소개했다. 방법을 알아도 실천이 부족해 성과가 나지 않는 경우도 많은데, 어렵지 않게 실천을 유지해나가는 노하우도 안내했다. 이 책을 통해 빅 커리어를 그리고, 완성하고, 미래를 준비할 수 있기를 기대해 본다.

| 차례 |

프롤로그 직장이 아닌 빅 커리어에 미래가 있다 4

BIG CAREER

1장
빅 커리어의 시대가 시작된다
: 대체 불가능한 프로의 길

우리에게 다가올 미래, 기나긴 노후 14
일의 4단계: 학업, 의업, 근업, 전업 18
빅 커리어 로드맵 26
워라밸을 넘어서 32
흔들리지 않는 커리어의 본질 36

BIG CAREER

2장

어떻게 업을 발견할 것인가

: 다르게 보는 힘

의식 수준 테스트 42

아이젠하워의 원칙 52

프로젝트, 취미, 스트레스, 쓰레기 구분법 59

어디에나 구덩이가 있다 65

사소한 습관, 위대한 성과 80

킹핀을 맞춰야 스트라이크를 칠 수 있다 86

즉시, 반드시, 될 때까지 90

진짜 중요한 것에만 집중한 사람들

결핍은 나의 원동력이다 이랑주 비주얼 머천다이저 94

목표는 당장의 성과가 아니다 김지련 스마트애드컨설팅 이사 101

강점의 극대화가 경쟁력이다 전지현 GS25 금곡점 점주 110

BIG CAREER

3장

어떻게 업을 실행할 것인가

: 당신이 지금 서 있는 곳에서

다른 사람으로 살아보기 120

프로토타입의 확장 134

PPR 트라이앵글의 선순환 140

극복 가능한 장애물, 딥 145

약점보다 강점을 먼저 보는 습관 152

나의 역량에 동료의 역량을 더한다 157

원 메시지, 원 액션 161

지속과 몰입의 중요성 165

뇌과학에 근거한 8주 프로젝트 170

전두엽을 활용한 8-56-33 프로젝트 176

지속 가능한 실행을 한 사람들

사람마다 유독 약한 부분이 있다 문형록 반석기초이앤씨(주) 대표 184

더 큰 그림을 그려야 한다 유주영 교보생명 재무설계사 189

BIG CAREER

4장
어떻게 업을 완성할 것인가
: 과거와 현재와 미래의 연결고리

현장에는 저마다의 언어가 있다 196

현장을 강화하는 1-1-1 법칙 201

마인드에 따른 변화 207

나를 알고 적을 알면 백 번 싸워도 위태롭지 않다 217

현장을 끊임없이 업그레이드한 사람들

멈추면 비로소 보인다 한현모 스튜디오호감 대표 233

사람이 가장 중요한 현장이다 김수용 엠케이메탈(주) 대표 243

에필로그 **기회는 언제나 위기의 모습으로 다가온다** 252

BIG CAREER

1장

빅 커리어의 시대가 시작된다

: 대체 불가능한 프로의 길

우리에게 다가올 미래, 기나긴 노후

대한민국이 빠른 속도로 늙어가고 있다. 한국의 고령화는 전 세계적으로 유례가 없을 정도로 급속하게 이루어지고 있다. 전문가들은 2030년에는 인구의 5명 중 1명이 노인인 초고령사회에 접어들 것이라고 예측한다. 기대수명이 늘어나 바야흐로 평균수명 100세 시대라고들 흔히 말하지만, 사실 현실은 어둡기만 하다.

종로 탑골공원을 지나다 보면 연세가 지긋한 노인들이 옹기종기 모여 시간을 보내는 모습을 볼 수 있다. 이제 갓 노인 세대에 진입한 어르신부터 여든을 훌쩍 넘긴 분까지 연령대가 꽤 다양해 보인다. 그들의 모습을 볼 때면 만감이 교차한다. 이분들의 젊은 시절은 어땠을지, 어떤 마음으로 현재를 사는지는 알 수 없지만 아무래도 행복해 보이지는 않기 때문이다.

솔직히 말하자면 그들의 모습은 내가 꿈꾸는 노후와는 거리가 멀다. 나는 나이가 들어서도 하고 싶은 일을 하며 살고 싶다. 적어도 남는 시간을 어쩌지 못해 지루해하거나 하루하루 먹고사는 문제를 고민하며 노후를 보내고 싶지는 않다. 너무 빠른 속도로 고령화사회에 진입하면서 많은 사람이 아무런 준비도 없이 맞이한 기나긴 노후에 당혹스러워한다. 이런 현실은 곧 우리가 겪어야 하는 미래이기도 하다. 그렇기에 지금부터라도 제대로 현실을 마주하고 노후를 준비해야 한다.

젊은 시절을 낭비하는 바람에 초라한 노후를 보내는 사람도 있지만, 그보다는 평생을 부지런하게 일했는데도 길어진 노후에 고통받는 사람이 더 많다. 이름만 대면 알 만한 기업에서 수십 년을 근무한 지인은 최근 52세의 나이로 희망퇴직을 했다. 경기 침체로 회사가 어려워지면서 퇴직 압력을 받기 시작했고, 결국 자의 반 타의 반으로 회사를 그만두었다고 한다.

"막상 퇴직하고 나니 너무 막막합니다. 평생을 일했는데 집 하나가 남은 전부예요. 아직 아이들 공부도 다 못 시켰는데……."

이 경우는 그래도 집이 있고 퇴직금과 실업 급여까지 받을 수 있으니 아주 나쁜 상황은 아니다. 그러나 계속 일을 하지 않는다면 미래는 불투명하다. 자식들을 마저 공부시키고 결혼 자금을 지원해준다면 퇴직금은 곧 바닥날 것이다. 어쩌면 집을 담보로 대출을 받아야 할지도 모른다. 중산층도 상황이 이런데 노후 파산으로부터 자유로울 수 있는 사람이 몇이나 될까. 우리는 이제 현실을 직시할 필요가 있다. 지금부터라도 남의 문제가 아니라 눈앞에 닥친 내 문제가 될 수 있다는 것을 인정해야 대비가 가능하다.

하지만 상황은 녹록지 않다. 우리나라는 장기 저성장 궤도에 들어선 지 오래다. 청년 실업률은 날로 높아지고, 취직을 한다고 해도 마흔만 넘으면 퇴직 압박을 받는다. 결국 회사에서 일할 수 있는 시간은 20년, 길어도 30년이다. 20~30년을 일하고 40~50년을 쉬어야 하는 세상이 온 것이다. 하지만 20~30년을 일해서 40~50년 동안 돈 걱정 없이 사는 것은 불가능하다. 결혼도 하고, 집도 사고, 아이도 키워야 한다. 물려받은 유산 없이 오로지 노동으로 인한 수입으로는 이 모든 비용을 감당할 수 없다. 이 때문에 연애, 결혼, 출산을 포기하는 삼포세대가 등장한 것이다. 현재를 버텨내기도 버거운 상황에서 안정적인 미래를 준비한다는 것은 어불성설이다.

또 그렇다고 손 놓고 있을 수만도 없는 노릇이다. 물론 방법이 없는 것은 아니다. 연금에 기대는 것보다는 더 확실하게 노후를 준비할 방법이 있다. 바로 '빅 커리어(Big Career)'를 만들어 '원할 때까지 현역'으로 남는 것이다. 나이가 들어도 은퇴하지 않고 현역으로 일하는 것보다 좋은 노후 대비책은 없다. 단순히 경제적 걱정만 덜

어지는 것이 아니다. 사람들과의 네트워크에서 오는 활력과 일을 하면서 얻는 행복은 그 어떤 가치와도 비교할 수 없다.

죽을 때까지 현역으로 남는 것이 가능하냐고? 자신 있게 말하지만 가능할 뿐만 아니라 이미 실현한 사람도 많다. 다만 영원한 현역은 31~50세의 20년을 잘 보내며 빅 커리어를 쌓을 때만 가능하다는 전제가 있다. 인생의 황금기에 허리띠를 졸라매고 저축만 하라는 게 아니다. 나이와 상관없이 현역으로 남을 수 있도록 자신만의 커리어를 갖추라는 의미다.

우리는 왜 일을 할까. 가장 큰 이유는 '생계를 유지하기 위해서'일 것이다. 먹고사는 문제를 함부로 폄하해서는 안 된다. 먹고사는 일이야말로 인간의 삶에서 가장 기본적이고 중요한 가치다.

하지만 먹고사는 것이 '왜 일하는가?'라는 물음의 유일한 답이 되어서는 안 된다. 재미없고 힘든 일을 먹고살기만을 위해 어쩔 수 없이 해야 한다면 그 역시 안타까운 일이다. 그렇게 죽을 때까지 일하는 건 축복이 아닌 저주에 가깝다. 일본에서 가장 존경받는 3대 기업가 중 한 명인 이나모리 가즈오 교세라 명예 회장은 '일은 인간성을 심화시키고 인간의 영혼을 연마하는 행위'라고 말했다. 일을 단순히 생계를 유지하기 위한 수단으로 여겨서는 안 된다. 그렇기에 우리는 자신에게 일이 어떤 의미인지를 고민하는 과정을 통해 다른 사람과 차별화된 빅 커리어를 만들어야 한다.

일의 4단계
: 학업, 의업, 근업, 전업

평생 일할 수 있다는 것은 축복이지만 하기 싫은 일을 매일 억지로 반복해야 한다면 역으로 삶을 고단하게 하는 재앙이 될 수도 있다. 재앙이 아닌 축복으로서 일을 하려면 더더욱 빅 커리어가 중요하다.

효과적으로 빅 커리어를 쌓고 발전시키려면 시기별로 일의 성격을 구분하고, 각 단계에 맞는 일을 해야 한다. 빅 커리어에서는 일의 단계를 학업, 의업, 근업, 전업으로 구분한다. 각 단계가 진행되는 기간은 사람마다 다를 수 있지만 100세를 기준으로 한다면 학업은 1~30세, 의업은 31~50세, 근업은 51~70세, 전업은 71~100세다.

1단계인 학업(學業)은 말 그대로 배움의 시기다. 요즘에는 초등학교부터 대학교까지의 교육 과정이 오로지 좋은 직장에 취업하기 위함으로 보인다. 그러나 학업의 시기에 취업을 위한 지식만 배워서는 안 된다. 이 시기는 자신을 이해하고 인간으로서 어떻게 살아가야 할지 고민하며 나름의 가치를 정립하는 중요한 시기다. 이 시기의 고민이 인생이라는 밭을 경작하는 데 필요한 거름 역할을 한다.

2단계인 의업(意業)은 일의 의미를 발견하는 시기로, 노후를 좌우하는 가장 핵심적인 열쇠를 품고 있다. 이 시기를 어떻게 보내느냐에 따라 이후의 인생이 결정된다고 해도 과언이 아니다. 의업의 시기는 너무도 중요하기 때문에 뒤에서 따로 자세히 소개할 것이다. 여기서는 의업의 시기가 삶의 뿌리가 되고, 줄기를 만들며, 열매를 맺도록 하는 씨앗이라는 점만 기억하자.

3단계인 근업(根業)은 업무의 밀도를 높이는 시기다. 의업의 시기에 열심히 일을 배우고 익혔다면 근업의 시기에는 축적된 경험을 바탕으로 현장에 깊숙이 뿌리내려야 한다. 무슨 일이든 10년을 몰입하면 그 분야의 전문가가 된다. 의업 20년을 제대로 몰입했다면 전문가 중의 전문가로 성장해 있을 것이다. 업계의 어른으로서 후배들에게 경험과 노하우를 가르쳐주는 시기이기도 하다.

4단계인 전업(傳業)은 지금까지 일하며 만들어온 가치를 세상에 공유하는 시기다. 근업이 주변인에게 노하우를 전달하는 시기라면 전업은 업계 전체를 이끌어갈 매뉴얼을 만들어 시장의 변화를 이끄는 시기다. 일은 일차적으로 자신의 성장과 행복을 위한 것이지만 일의 마지막 단계인 전업의 시기에는 타인과 사회의 성장과 행복 역시 추구해야 한다. 자신의 가치를 후대에 전하는 시기, 그래서 전업이다.

이처럼 일의 4단계는 제각기 모두 중요하다. 그러나 앞서 말했듯 가장 중추적인 시기는 31~50세에 해당하는 의업의 시기다. 내가 하는 일의 의미를 발견하고, 능력을 발전시키고, 자신을 성장시키는 시기다. 편한 구분을 위해 평균적으로 일을 시작하는 30세 전후부터 퇴직의 압력을 받는 50세까지를 의업의 시기로 정의했지만 그 시기는 사람마다 다를 수 있다.

의업의 시기는 다시 습득자, 근로자, 숙련자, 창조자로 나눌 수 있는데 첫 단계인 '습득자'는 일을 배우는 단계다. 사회 초년생이 처음부터 일을 잘하기는 어렵다. 업무의 성격을 이해하고, 현장에 투입하기 위해 필요한 지식을 습득해야 한다. 시행착오를 거치면서 기초를 다지는 기간이 습득자 단계다.

일을 하기 위한 기본적인 지식을 습득하면 다음 단계인 '근로자'로 넘어간다. 습득자 단계에서 배운 업무 스킬을 토대로 자신만의 경험을 쌓는 단계다. 어느 정도 업무에 익숙해졌기 때문에 동료와 의사소통을 하며 협업할 수 있는 단계이기도 하다.

다음 단계는 '숙련자' 단계다. 근로자가 자신에게 주어진 업무를 성실하게 처리하며 경험을 쌓는 단계라면 숙련자는 그 분야에서 어느 정도 경지에 오른 단계라고 할 수 있다. 근로자와는 다른 관점으로 성과를 내는 사람이라고 보면 된다. 노하우를 체계화시키는 시기이기도 하다. 대개 한 업종에서 10년 정도 일하면 숙련자가 된다.

마지막 단계는 '창조자'다. 숙련자가 해당 분야에서 상당한 영향력을 발휘하는 사람이라면 창조자는 업계 너머까지 영향력을 발휘하는 사람이다. 분야는 달라도 탁월한 철학과 남다른 관점으로 타 업계에도 영향력을 발휘하는 사람이 바로 창조자다.

"의업의 4단계 중 현재 당신은 어디에 있습니까?"라고 물으면 많은 사람이 자신은 습득자 혹은 근로자에 속한다고 답한다. 실제로 직장인들이나 이제 막 창업한 사업가의 80퍼센트가 습득자 혹은 근로자 단계에 속한다.

습득자나 근로자 단계는 거의 모든 사람들이 별 문제없이 도달

의업에서 일이 가지는 3가지 특징

할 수 있는 단계지만 숙련자나 창조자 단계는 그렇지 않다. 특히 근로자에서 숙련자가 되는 과정에는 매너리즘이라는 구덩이가 도사리고 있다. 어지간한 노력으로는 그 구덩이를 빠져나오기 힘들기 때문에 많은 직장인이 근로자 단계에서 성장을 멈춘다.

그러나 50대 이후에도 가치와 보람을 느끼며 살기 위해서는 최소한 숙련자 단계까지는 도달해야 한다. 근로자 단계에서 나이만 먹으면 결국 경쟁력 싸움에서 뒤처져 도태된다. 그러니 현재 자신이 어느 단계인지를 냉정하게 살펴보고 알맞은 준비와 노력을 해야 한다.

의업의 4단계

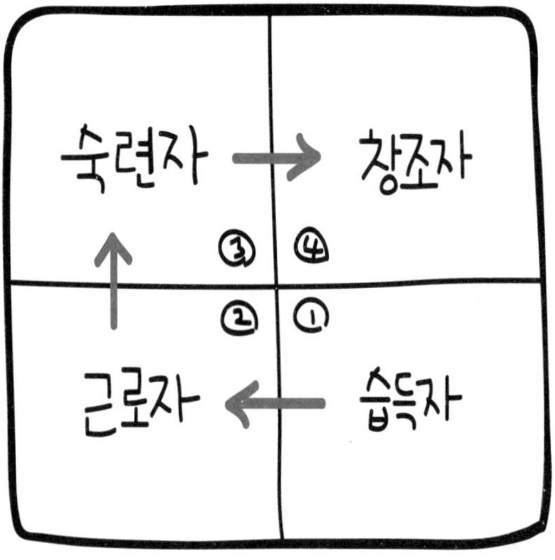

나는 인생을 평생 경작해야 할 밭이라고 생각한다. 평생 밭을 경작하는 과정이 곧 빅 커리어다. 평생 경작할 밭을 시기별로 나눈 것이 바로 4업이다. 하지만 이와 별도로 우리에게는 마음의 밭이 존재한다. 캐나다에서 짙은 구름에 잠겨 있는 로키산맥을 본 적이 있는데, 산맥 전체가 보이지는 않았지만 구름 뒤에 감춰진 장엄한 모습을 느낄 수 있었다. 사람의 마음도 마찬가지다. 눈으로는 볼 수 없지만 우리 마음속에도 평생을 경작해야 할 광활한 밭이 있다. 그 밭을 어떻게 경작하느냐에 따라 인생은 크게 달라진다.

오늘도 우리의 마음속에서는 끊임없이 전쟁이 일어나고 있다. 출근길에도, 일터에서도 마음은 전쟁 상태다. 상사나 직장 동료에게 스트레스를 받고 진상 고객을 만나는 식이다. 이렇듯 전쟁만 계속된다면 어떤 일을 해도 만족스럽지 않을 것이다. 그래서 우리는 더욱이 마음의 밭을 경작해야 한다. 외부 상황을 통제하는 데는 한계가 있지만 외부 상황에 반응하는 내면은 얼마든지 통제할 수 있다. 자신의 마음을 충분히 헤아리고 현재가 아닌 미래를 보며 내면을 다스린다면 성과를 보다 극대화할 수 있다.

그리스 신화에는 시시포스라는 교활한 왕이 나온다. 그는 신을 기만한 죄로 죽은 뒤 커다란 바위를 산꼭대기까지 밀어 올리는 형벌을 받는다. 죽을힘을 다해 산꼭대기 근처까지 바위를 밀어 올리면 바위는 다시 밑으로 떨어지고, 떨어진 바위를 다시 밀어 올리기를 영원히 반복하는 형벌이다.

직장인들 중에는 자신의 처지가 시시포스와 별반 다를 바 없다고 생각하는 사람들이 많다. 일하는 의미를 모른 채 일을 하면 일이 곧 시시포스의 돌처럼 무겁고 무의미하게만 느껴지기 때문이다. 현대인은 대부분 다람쥐 쳇바퀴 돌리는 일상을 반복한다. 그러니 일이 시시포스의 형벌처럼 느껴지는 것도 무리는 아니다. 하지만 자신의 일을 시시포스의 돌이라 여긴다면 빅 커리어를 완성해 '영원한 현역'으로 사는 것은 불가능하다. 영원히 반복되는 고통을 원하는 사람은 없다.

일은 시시포스의 돌이 아니어야 한다. 물론 시시포스의 돌처럼 감당하기 어려울 수 있고, 밀어도 밀어도 잘 굴러가지 않고, 때로는 기껏 굴렸는데 되돌아오는 경우도 허다하다. 그래서 많은 사람이 도중에 포기한다. 시시포스의 돌처럼 다시 밑바닥으로 떨어질 것이라 지레짐작하고 시도조차 하지 않는 것이다.

그럼에도 지치지 않고 끊임없이 돌을 밀어 올리는 이들도 있다. 그들은 일이 시시포스의 돌처럼 영원히 되풀이되는 형벌이 아님을, 의업의 시기를 지나면 새로운 세상이 열린다는 사실을 아는 것이다.

나이가 들어서도 여전히 현장에서 존경받으며 일하는 사람들은 대부분 의업의 시기에 남들보다 훨씬 무거운 돌을 굴렸다. 평생을 시시포스가 돌을 굴리듯 일하지 않기 위해서라도 의업의 시기에는 힘차게 돌을 굴려야 한다. 힘들다고 멈췄다가 다시 굴리면 몇 배의 힘이 더 들고, 정상에 오르는 시기만 늦춰질 뿐이다.

빅 커리어 로드맵

영원한 현역으로 일하는 것은 꿈이 아니다. 일본 세이로카 국제병원의 이사장이며, 여러 권의 저서로 국내에도 잘 알려진 히노하라 시게아키가 좋은 예다. 2010년 당시 100세의 나이로 인천의 가천의과대학에서 '건강장수문화'를 주제로 강연을 하면서 세간의 뜨거운 관심을 받은 적이 있다. 그가 지금까지 일해온 과정을 살펴보면 학업, 의업, 근업, 전업의 단계를 순차적으로 밟았다는 것을 확인할 수 있다.

1937년 27세의 나이로 교토대학 의학부를 졸업한 그는 65세 정년까지 일했다. 내과의사로서 누구보다 뛰어난 전문의로 인정받았으며 퇴직할 때까지 후학을 양성했다. 젊었을 때부터 근무했던 병원의 국제병원장, 명예원장, 간호대학 명예학장 등을 역임하며 병원 발전에도 힘썼다. 정년이 되기 전에 의업과 근업의 단계를 밟은 셈이다.

앞에서 나는 71~100세를 전업의 시기로 분류했다. 전업은 더 많은 사람들과 일을 하면서 만들어온 소중한 가치를 업계 전체에 나누는 시기다. 그런 면에서 히노하라 박사는 그 누구보다도 전업을 충실히 실천한 분이라 할 수 있다. 그는 퇴직 후 노인이 되기를 거부했다. 75세 이상은 되어야 노인이라고 할 수 있다며 '신노인 운동'을 벌였다. 신노인은 지금까지의 노인과는 달리 나이가 들어서도 젊고 생기 있게 사는 노인을 뜻한다. 히노하라 박사는 스스로 모범을 보이기 위해 더 왕성한 활동을 했다.

그는 80세에 성 누가 국제병원 원장직을 맡았다. 정식 직원이 아닌 풀타임 자원봉사로 일하며 월급을 받지 않았다. 그 시기에 성 누가 국제병원은 일본에서 최초로 모든 병실이 1인실인 병동을 만들었는데, 히노하라 박사의 역할이 컸다. 병원 측에서 그에게 원장을 맡아달라고 부탁했지만 그는 정년 규정에 맞지 않는다며 극구 사양했다. 당시 일본의 정년은 65세였기 때문이다. 병원 간부들은 궁리 끝에 풀타임 자원봉사로 원장을 맡아달라고 간청했고, 그가 받아들였다. 이처럼 대가를 바라지 않고 자신을 필요로 하는 사람들에게 아낌없이 가치를 나눈 히노하라 박사야말로 전업이 무엇인지를 제대로 보여준 사례다.

일본에만 100세 현역이 있는 것은 아니다. 우리나라에도 102세 화가 김병기 화백이 있다. 붓질을 하면서 살아 있다는 사실이 참 즐겁고 행복하다는 김 화백 역시 히노하라 박사 못지않게 전업을 이뤄낸 사람이다.

나이를 조금 낮춰 80대로 내려오면 현역들은 더 많아진다. 병원 없는 사회를 꿈꾸는 국민 의사 이시형 박사도 그중 하나다. 80세가 훌쩍 넘은 나이에도 세로토닌 문화원장, 힐리언스 선마을 촌장을 맡아 사람들이 좀 더 건강하고 행복하게 살 수 있도록 돕고, 활발한 저술 활동과 후학 양성에도 힘쓰고 있다. 그는 스스로를 '80 중년'이라고 말한다. 이처럼 현장에서 쌓은 경험의 가치를 자신만의 경쟁력으로 치환할 수 있다면 누구나 나이가 들어도 영원한 현역으로 즐겁게 일할 수 있다.

단, 그러려면 자신의 커리어를 관리해야 한다. 매너리즘에 젖어 늘 하던 방식으로만 일해서는 영원한 현역이 될 수 없다. 현장을 제대로 보고, 무엇을 개선해야 하는지를 깨닫고, 실행에 옮기려는 노력을 계속할 때 경쟁력을 갖고 당당하게 일할 수 있다.

이 책에 소개한 빅 커리어는 '단순 직무'를 벗어난 '나만의 업(Life Work)'을 찾고, 현재의 자리에서 업(業)을 개척하고 만들어 미래를 준비하는 과정이다. 즉, 한마디로 요약하면 경력을 잘 쌓아 대체 불가능한 사람이 되는 것이 '빅 커리어'다.

빅 커리어 로드맵

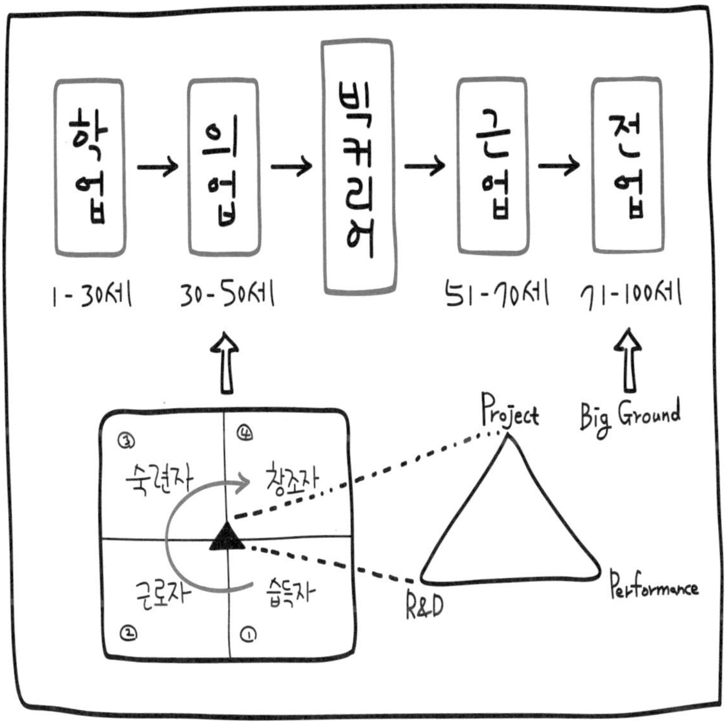

협의의 개념으로 빅 커리어를 설명하면 '의업에서 근업으로 넘어가는 길목에 있는 보이지 않는 문턱'이라 할 수 있다. 실제는 잘 보이지 않지만 엄연히 존재하는 영역이다. 이 문턱을 잘 넘은 사람은 현재 다니던 직장을 퇴사해도 걱정이 없다. 빅 커리어를 바탕으로 인생 2막을 얼마든지 시작할 수 있기 때문이다.

하지만 의업에서 근업으로 넘어가는 사람은 생각보다 많지 않다. 의업의 시기에서 숙련자와 창조자의 단계를 넘어섰던 소수의 사람들만이 자신만의 근업을 거쳐 전업의 시기에 빅 그라운드(Big Ground)를 구축한다. 빅 그라운드는 말 그대로 무엇이든 할 수 있는 광활한 무대다. 보통 나이가 들수록 입지가 줄어드는데, 빅 커리어로 빅 그라운드를 구축하면 더 넓은 세상이 열린다. 이 얼마나 멋진 일인가.

빅 커리어는 기본적으로 본깨적에 뿌리를 두고 있다. 본깨적은 '본 것', '깨달은 것', '적용할 것'의 앞 단어를 연결해 만든 개념이다. 처음 본깨적은 업무에 적용하면서 시작했다가 점점 직접적 지식을 주는데 한계에 직면하게 되면서 자연스럽게 책으로 적용된 개념이다. 독서 본깨적은 책을 읽는 데 그치지 않고, 책에서 본 것과 깨달은 것을 정리하고 일상에 적용하는 독서법이다. 자세한 내용은 『인생의 차이를 만드는 독서법, 본깨적』(박상배, 위즈덤하우스, 2013)을 참고하기 바란다.

본깨적은 빅 커리어를 만드는 데도 큰 도움이 된다. 빅 커리어는 일을 통한 구체적인 변화와 성과를 통해 발전하는데, 이때 본깨적만큼 강력한 도구도 없다. 사실 독서 본깨적만으로도 삶이 변하고 자신이 하는 일에서 놀라운 성과를 낼 수 있다. 많은 사람이 독서 본깨적을 통해 변화를 이루어냈으니, 그대로 업무에 적용해도 성과가 있을 것이라 생각했다. 그런데 어찌 된 일인지 독서 본깨적 강좌를 듣고 실행한 분들 중 상당수가 여전히 '열심히 일하는데 성과가 나지 않는다'는 고민을 호소했다. 대체 왜 독서 본깨적만으로는 만족할 만한 성과가 나지 않았을까. 꽤 오랫동안 고민한 결과, 본깨적을 제대로 업무에 적용하지 못했기 때문이라는 답이 나왔다. 그래서 보다 구체적으로 현장 업무에 본깨적을 적용하는 방법을 체계화시킨 것이 바로 '빅 커리어 프로젝트'다.

구체적인 성과를 위해서는 뛰어난 업무법보다 지속 가능한 실행력이 더 중요하다. 아무리 뛰어난 업무력을 갖췄다고 해도 하루 이틀 실행해서는 효과를 보기 어렵다. 그래서 빅 커리어에서는 '적'을 더 강화했다. '적'은 곧 '실행'이다. 아무리 잘 보고 깨달았다고 해도 업무에 적용하지 않으면 이렇다 할 성과를 내기 어렵기 때문이다.

이 책에서 소개하는 빅 커리어 프레임은 하루아침에 만들어진 것이 아닌 수많은 직장인과 직접 실행하면서 검증을 거친 커리큘럼이다. 자신의 일을 제대로 보는 방법부터 성과를 내는 방법까지 누구나 쉽게 따라 할 수 있는 프로세스니 믿고 따라와 주기 바란다.

워라밸을 넘어서

서울대 소비트렌드분석센터에서 뽑은 2018년 10대 트렌드 키워드 중에는 '워라밸'이라는 신조어가 있다. 워라밸은 워크 앤드 라이프 밸런스(Work and Life Balance)의 줄임말로 기본적으로 일과 삶의 균형을 의미한다. 일이 최고의 가치였던 시대는 이미 지나도 한참을 지났다. 지금은 누구나 열심히 일한 만큼 충분한 휴식을 취하고, 여가생활을 즐기면서 살기를 원한다.

일과 개인적인 생활이 조화를 이루는 삶이 가장 이상적인 것임은 분명하다. 아무리 일이 좋아도 사랑하는 가족과 얼굴을 맞대고 소소한 일상의 행복을 나눌 수 없다면 일하는 의미가 없지 않느냐는 의견에도 동의한다.

그러나 자기 분야에서 두각을 나타내는 사람들은 대부분 일에 집중하는 시간이 절대적으로 많았다. 업무 시간에 집중하는 것은 말할 것도 없고, 남들보다 먼저 출근하고 늦게 퇴근하면서 어떻게 하면 일을 더 잘할 수 있을지 고민한다. 그렇게 미친 듯이 몰입한 시간들이 결국 그 사람을 그 분야의 전문가로 성장시키고, 자기 분야는 물론 다른 분야에도 영향력을 미치는 창조자로 만들었다.

남들 하는 만큼 해서 대체 불가능한 빅 커리어를 만드는 것은 불가능하다. 실제로 빅 커리어를 현실화시킨 사람들은 '어떻게 저렇게까지 치열하게 살까?'라는 감탄이 나올 정도로 일에 집중한다. 이미 그 분야에서 가장 능력을 인정받고 있음에도 더 발전하기 위해 안간힘을 쓴다. 이승엽 선수도 그 중 하나다.

이승엽 선수는 자타가 인정하는 최고의 타자이자 홈런왕이다. 그는 2017년 10월 3일 열린 자신의 은퇴 경기에서도 연타석 홈런을 터뜨렸다. 국내 KBO리그에서 터트린 홈런은 467개, 이는 일본에서 8시즌을 뛰며 날린 159개의 홈런을 뺀 기록이어서 더욱 놀랍다.

그런 이승엽 선수도 끊임없이 더 나은 타격을 위해 고민했다. 한 해 50홈런 이상을 치면서도 자신의 타격 자세에 부족함을 느끼고 새로운 타법을 익히기 위해 노력했다. 이미 익숙해진 타법, 그것도 충분한 성과를 내고 있는 타법을 버리고 좀 더 성과를 높이기 위해 새로운 타법을 익히는 것은 쉬운 일이 아니다. 그럼에도 그는 휴식 대신 기꺼이 연습을 택했다.

이제 우리는 더 이상 현역으로 뛰는 이승엽 선수는 보지 못할 것이다. 대신 코치와 감독 이승엽은 앞으로 오래도록 보게 될 것 같다. 그에게 쏟아지는 코치와 감독 러브콜은 당연한 결과다. 이승엽 선수처럼 의업의 시기를 치열하게 보낸 사람도 드물다. 40세가 넘을 때까지 한시도 안주하지 않고 노력한 결과 아시아 최고의 홈런왕이 될 수 있었다. 스스로 빅 커리어를 만든 것이다.

현역 시절 칭송받은 훌륭한 선수가 은퇴 후에도 계속 자신의 커리어를 살려 코치나 감독으로 일하는 경우는 의외로 많지 않다. 대부분은 이전의 커리어와 상관없는 일을 한다. 물론 이전의 커리어를 계승하는 것이 최고의 길이라 말하는 것은 아니다. 운동선수로 뛰다 전혀 다른 분야에 뛰어들어 멋진 인생을 사는 분도 많다. 하지만 커리어를 바꾸면 의업의 시기를 처음부터 다시 보내야 한다. 스스로 원하고 가치를 두는 일이라면 그래도 괜찮지만 빅 커리어를 완성하는 시기는 그만큼 늦어질 수밖에 없다.

무엇을 하든 분명한 것은 적어도 의업의 시기 동안은 일과 삶의 균형을 이루기가 어렵다는 것이다. 일과 삶의 균형과 빅 커리어 두 마리 토끼를 동시에 잡을 수는 없다. 이승엽 선수뿐만 아니라 자신의 분야에서 큰 성과를 내고, 정년 이후에도 여전히 많은 사람의 러브콜을 받으며 열정적으로 일하는 분들은 대부분 의업의 시기

일에 전념한 분들이다. 적어도 그 시기만큼은 삶의 불균형을 선택해 빅 커리어를 가능하게 만든 것이다.

의업의 시기에 일을 선택한다고 해서 다른 삶의 가치를 모두 포기해야 하는 건 아니다. 가족들과 많은 시간을 함께하진 못해도 함께 있는 동안만은 아낌없이 사랑을 표현하고, 의미 있게 시간을 보내려고 노력한다면 가족의 가치도 얼마든지 지킬 수 있다. 다른 가치들을 일방적으로 희생시키는 것이 아니라, 더 오랜 시간 삶의 가치를 누리며 살기 위해 불균형적인 시기가 필요한 것이다.

소크라테스는 '세상을 움직이려면 먼저 나 자신을 움직여야 한다'고 말했다. 인생을 경작하는 일은 고되다. 누구도 대신해줄 수 없다. 빅 커리어를 쌓아 오래도록 스스로 삶의 주인공이 되어 당당하고 행복하게 살려면 잠시 삶과 일의 균형을 내려놓고 불균형을 선택할 필요가 있다. 그래야 '넥스트(Next)'의 문이 열린다.

흔들리지 않는
커리어의 본질

2016년 다보스 세계경제포럼 '미래고용보고서'는 4차 산업혁명의 영향으로 2020년까지 700만 개 일자리가 사라지고 200만 개가 새롭게 생겨나며, 순고용이 500만 명 넘게 감소할 것으로 분석했다. 그리 놀라운 이야기도 아니다. 인공지능을 비롯한 과학과 IT의 발달이 수많은 직업을 흔적도 없이 사라지게 만들 것이란 이야기는 이미 오래전부터 나왔다.

2017년 9월 중순에 지인들과 함께 일본을 다녀왔다. 일본공항에서는 여전히 출입국 심사관이 여권을 확인하고 스탬프를 찍으며 입국심사를 했지만 인천공항에서는 심사관이 아닌 자동화 시스템이 심사관의 일을 대신했다. 자동화 시스템을 이용하니 훨씬 빠르게 수속할 수 있어 좋았다. 하지만 문득 '이 일을 통해 생계를 유지하시던 분들은 어디에서 무엇을 하고 있을까?'에 생각이 미치자 금방 우울해졌다.

단순 반복적인 분야에서만 기계가 사람을 대체하는 것만은 아니다. 2016년 12월, 가천대학교 길병원은 국내 최초로 인공지능 프로그램인 왓슨을 도입해 본격적으로 암 진단과 치료에 활용하기 시작했다. 왓슨은 방대한 의학 전문 자료를 실시간으로 검색하고 분석해 특정 환자에 대한 치료법을 제시하는 시스템이다. 길병원에 이어 부산대병원, 대구가톨릭대병원 등 7곳의 대학병원에서도 추가로 왓슨을 도입했다. 가까운 시일 내에 모든 의사가 인공지능으로 대체되지는 않더라도 언젠가는 소수의 의사만 병원에 남게 될 것이란 생각을 버릴 수가 없다.

미래에 어떤 직업이 살아남을 수 있을까를 고민하다 보면 갑자기 막막해진다. 과연 지금 내가 하는 일이 미래에도 커리어로 가치가 있을 것인지 불안해지기도 한다. 미래에 도태되지 않으려면 지금까지의 커리어를 버리고 과학이나 IT 분야를 공부해야 하지 않을까 싶은 조바심이 날 때도 있다.

사실 시대가 변하면서 기존 직업이 없어지고, 새로운 직업이 탄생하는 일은 늘 있는 일이다. 불과 몇 십 년 전만 해도 신문이나 책 등 종이에 인쇄를 하려면 조판공이 일일이 활자를 하나씩 조립해야 했다. 당시 숙련된 조판공은 인쇄를 하는 데 없어서는 안 될 중요한 존재였다. 하지만 전자출판의 등장과 함께 컴퓨터로 만든 파일을 바로 인쇄할 수 있는 시대가 되면서 조판공은 소리 소문도 없이 사라졌다.

기존 직업의 소멸과 새로운 직업의 탄생이 어제오늘 일이 아닌데, 유독 요즘 들어 모든 사람이 미래에 어떤 직업이 살아남을 수 있을까를 더 고민하는 이유는 변화의 속도가 너무 빨라졌기 때문이다. 전에는 최소한 100여 년에 걸쳐 직업의 변화가 이루어졌다면 지금은 불과 몇 십 년도 안 돼 한때 유망했던 직업이 소멸되는 일이 비일비재하다.

앞에서 언급한 것처럼, 빅 커리어를 완성하려면 적어도 수십 년이라는 시간이 소요된다. 기껏 커리어를 쌓았는데, 막상 어떤 식으로 활용하려고 했을 때 이미 해당 커리어를 필요로 하는 분야가 사양길에 접어들어 가치가 하락했다면 그보다 허망한 일도 없을 것이다.

하지만 커리어를 발현하는 방법은 달라질 수 있어도 커리어의 본질은 쉽게 변하지 않는다. 예를 들어 전자출판과 함께 조판공은 사라졌어도 인쇄 자체가 없어진 것은 아니다. 음식을 조리하는 방식은 시대가 변하면서 달라질 수 있어도 맛있는 음식을 만들어내고자 하는 본질은 같다. 이는 어떤 커리어라도 시대에 맞게 적절히 변화하면 본질을 살릴 수 있다는 것을 의미한다.

급변하는 사회일수록 빅 커리어가 필요하다. 변화를 읽고 대응하는 것은 중요하지만 커리어의 본질은 뒤로 한 채, 오직 변화를 쫓기에만 급급하면 안 된다. 장기적인 안목에서 커리어의 본질을 어떻게 발전시켜 어떤 변화에도 흔들리지 않도록 할 것인가를 고민해야 한다. 이것이 빅 커리어의 핵심 요소다.

2장

어떻게 업을 발견할 것인가

: 다르게 보는 힘

의식 수준 테스트

8년간 200여 개의 기업, 10만 명에 달하는 직장인을 컨설팅해 왔다. 내가 만난 빅 커리어 프로젝트에 참여하는 분들은 처음에는 대부분 기대에 부풀어 있었다. 드디어 그토록 소망하던 성과를 낼 수 있을 것이라고 믿고 들뜬 마음으로 프로젝트를 시작했다. 하지만 열기는 얼마 지나지 않아 시들해졌다. 2주 후 다시 만난 그들은 풀이 죽어 있었다.

"이번에는 꼭 성공할 거라 생각했는데 벌써 흐지부지됐어요."

"지속하기가 생각보다 어려워요."

열에 아홉이 실행을 지속하기 어렵다고 호소했다. 그 원인을 알아내는 데는 그리 오랜 시간이 걸리지 않았다. 의외로 사람들은 자신의 업무 스타일을 인지하지 못했다. 자신을 모르기 때문에 기존의 업무 방식을 버리지 못하고 되풀이해 온 것이다.

그렇다면 어떻게 해야 자신을 제대로 파악할 수 있을까. 우선 자신의 의식 수준을 체크하고 받아들일 마음의 준비가 필요하다. 많은 사람, 특히 출퇴근을 하는 직장인이 자신의 인생을 다람쥐가 쳇바퀴를 돌리는 것과 비슷하다고 생각한다. 나도 마찬가지였다. 안경원에서 일하던 시절에는 12년 동안 아침 8시에 출근해 저녁 11시에 퇴근하는 일상을 그저 반복했고, 일요일 저녁이면 지독한 월요병에 시달리기도 했다.

일에 투자하는 시간만 보면 지금이나 그때나 크게 다르지 않다. 그런데도 지금은 다람쥐 쳇바퀴 같은 인생이라고 느끼지 않는다. 왜일까. 이유는 바로 '의식'에 있다. 의식의 사전적 정의는 '깨어 있는 상태에서 자기 자신이나 사물에 대하여 인식하는 작용'이다. 의식 수준이 다르면 똑같은 시간을 일해도 다른 시간으로 인식하는 것이다.

2006년의 일이다. 친절을 주제로 한 2박 3일의 교육을 들은 적이 있다. 별로 내키지 않는 교육이어서 심드렁했다. 아마 수강생 중 가장 불성실한 태도로 교육을 들었을 것이다. 첫날 강의는 아침 9시에 시작해 밤 9시가 넘어서야 끝났다. 자리에서 일어나려는데 강사가 날 부르더니 책 한 권을 건넸다. 데이비드 호킨스 박사의 『의식 혁명』이라는 책이었다.

"오늘 밤 자기 전에 읽어보셨으면 좋겠습니다."

나는 그다지 달갑지 않았다. 책을 읽어보고 싶은 마음은 추호도 없었지만 숙소에서 룸메이트가 코를 너무 심하게 고는 바람에 이거라도 한번 읽어보자는 심산으로 책을 펼쳤다. 책을 넘기는 도중 눈에 들어오는 부분이 있었는데, 인간의 의식 수준을 수치화한 부분이었다.

박사가 제시한 수치를 보면서 나는 큰 충격을 받았다. 당시 나의 의식 수준은 '수치심(20)'에서 '분노(150)'사이를 오가는 정도였다. 데이비드 호킨스 박사는 '용기(200)' 이상의 수치로 나타나는 의식이 삶에 긍정적 영향을 미친다고 강조했다. 그 의식 수준부터가 비로소 무엇인가를 성취할 수 있는 힘이 생기기 시작하며 탐구와 성취, 인내와 결단이 나타나는 지점이라고 말한다.

이보다 낮은 의식 수준을 가진 사람이 바라보는 세상은 희망도 없고 슬프고, 무섭고, 좌절감으로 가득하다는 의미이기도 했다. '용기'의 수준을 가진 사람에게 인생은 흥미롭고 도전적이고, 자극적인 것이 된다.

내 의식 수준을 알고 나니 민낯이 드러난 듯한 기분이 들었다. 그동안 삶을 다람쥐 쳇바퀴로 인식하고 분노하고 좌절했던 게 내 의식 수준의 문제였다는 사실을 깨달은 것이다.

이를 계기로 나는 놀이를 하나 시작했다. 박사가 제시한 의식 수

의식 수준 수치표

의식의 밝기	의식 수준	감정	행동
700~1000	깨달음	언어 이전	순수 의식
600	평화	하나	인류 공헌
540	기쁨	감사	축복
500	사랑	존경	공존
400	이성	이해	통찰력
350	포용	책임감	용서
310	자발성	낙관	친절
250	중립	신뢰	유연함
200	용기	긍정	응원
175	자존심	경멸	과장
150	분노	미움	공격
125	욕망	갈망	집착
100	두려움	근심	회피
75	슬픔	후회	낙담
50	무기력	절망	포기
30	죄의식	비난	학대
20	수치심	굴욕	잔인함

출처: 『의식 혁명』(데이비드 호킨스, 판미동, 2011)

준 수치를 토대로 내가 읽은 책의 저자들에게 점수를 매기는 놀이다. 그냥 읽는 것이 아니라 저자의 의식 수준이 어떻게 변했는지, 변할 수 있었던 힘은 무엇이었는지를 생각하면서 책을 읽으니 훨씬 재미있었다.

추운 겨울에 자동차 시동을 걸면 그 어떤 차 안도 바로 따뜻해지지 않는다. 예열 과정을 거쳐야 히터에서 따뜻한 바람이 나오기 시작한다. 5분 정도면 충분하다. 이 5분을 기다리지 못하고 춥다는 이유로 차를 타지 않는 사람은 없다. 이처럼 의식 수준이 변화하는 데도 예열 과정이 필요한데, 이 시간을 참지 못하고 성급하게 포기하는 사람이 많다.

나는 책을 100권 정도 읽었을 즈음 의식 수준이 변하기 시작했다. 의식 수준을 높이자 많은 일이 순조롭게 풀렸다. 무슨 일을 해도 예전보다 스트레스를 덜 받고 업무 성과도 눈에 띄게 좋아졌다.

의식 수준 테스트는 내 생활을 송두리째 바꿀 정도로 강력한 영향을 줬다. 내 경우는 효과적인 방법을 몰라서 무작정 책을 읽은 것이니 꼭 100권이나 읽을 필요는 없다. 사실 20권 정도로도 충분하다. 일단 20권을 읽어보고 안 되면 더 읽으면 된다. 그래도 변화가 없다면 내게 찾아오라. 최선을 다해 도움을 드리겠다.

꼭 어떤 책이어야 한다는 원칙은 없다. 좋아하는 책, 읽고 싶은 책부터 읽어 나가면 된다. 하지만 8년 동안 독서 모임을 진행하면

의식 수준 향상을 위한 추천도서 20

번호	초급	중급
1	『3평 고물상의 기적』 이석수, 다음생각, 2013	『익숙한 것과의 결별』 구본형, 을유문화사, 2007
2	『한원태 이야기』 정운영, 다빛출판사, 2010	『대산 신용호』 이규태, 교보문고, 2004
3	『성과를 지배하는 바인더의 힘』 강규형, 스타리치북스, 2016	『아무도 기획하지 않은 자유』 고미숙, 휴머니스트, 2004
3	『나는 아내와의 결혼을 후회한다』 김정운, 21세기북스, 2015	『시골의사 박경철의 자기혁명』 박경철, 리더스북, 2011
5	『생각의 비밀』 김승호, 황금사자, 2015	『몽테뉴의 수상록』 몽테뉴, 소울메이트, 2015
6	『리자청의 상략 36계』 마치, 다락원, 2004	『난중일기』 이순신, 서해문집, 2004
7	『스무살 여행, 내 인생의 터닝포인트』 브라이언 트레이시, 황금부엉이, 2007	『무한능력』 앤서니 라빈스, 씨앗을뿌리는사람, 2005
8	『지적자본론』 마스다 무네아키, 민음사, 2015	『슈퍼 미네랄 요오드』 이진호, 황성혁, 느낌이있는책, 2015
9	『벼랑 끝에 나를 세워라』 박형미, 맑은소리, 2009	『조나단 에드워즈처럼 살 수는 없을까?』 백금산, 부흥과개혁사, 2003
10	『일본의 제일부자 손정의』 이노우에 아쓰오, 김영사, 2006	『호, 조선 선비의 자존심』 한정주, 다산초당, 2015

서 의식을 변화시키는 데 조금 더 효과적인 책들을 자연스레 알게 되었다. 책을 처음 읽는 사람들을 위한 초급과 이미 어느 정도 책을 읽은 사람들을 위한 중급으로 구분해 각각 10권씩 도움이 될 만한 도서를 선별해 보았다.

읽을 때는 독서 본깨적 방식으로 읽을 것을 권한다. 다만 여기서는 의식 수준을 올리는 것이 목적이므로 저자의 의식 변화 과정을 주의 깊게 살펴보면서 적용하려는 노력이 필요하다. 어렵게 생각할 필요 없다. 처음엔 질문에 답하기 어려울 수 있으니 다음의 예

독서 본깨적 노트 예시

책 제목: 3평 고물상의 기적	저자: 이석수
1 Before	**1. 저자의 가장 큰 고난은 언제였으며 얼마나 지속되었는가?** - 초등학교 6학년 때 간경화로 인해 아버지가 돌아가시고, 어머니는 품팔이 일을 하며 자식을 키움. 찢어지게 가난한 유년기를 보냄. - 나아지지 않는 집안 형편 문제로 18살에 학교를 자퇴함.(56p) **2. 내 경험과 저자의 경험 중 무엇이 더 힘들었을까?** - 나는 부모님이 대학 졸업까지 뒷바라지 해준 것에 비해 저자는 지독한 가난 때문에 식구들은 먹고살기 위해 자연스레 뿔뿔이 흩어져 살았다. 학교를 못 다니게 될지 모른다는, 이러다 언젠가는 굶어 죽을지도 모른다는 생각은 공포에 가까웠다.(48p) **3. 저자의 의식은 몇 점에서 출발했는가?** - 수치심(20)에서 출발.

2 Reading	**1. 언제 의식 각성이 시작되었는가?** – 담임선생님과 전화통화를 한 사장님이 "선생님, 석수 얘 다시 학교 가봤자 얼마 못 다니고 또 때려칩니다. 얘는 돈 벌고 지금처럼 사는 게 딱 맞는 앱니다"란 말을 듣고, '지금처럼 사는 게 딱 맞다니? 나란 놈은 평생 이렇게 살아야 한단 말이야?' 서러웠다.(62p) – 공장에 취직시켜줬던 친구의 설득. "제 발로 학교 관둔 널 선생님이 찾으시잖아? 그게 어디냐? 이번이 기회다 생각하고 당장 여기 관둬. 지금 아니면 영영 너 학교로 못 돌아가고 영영 여기를 못 벗어날지도 몰라." 그제야 지금과 다른 모습의 나를 바라는 얼굴들이, 내게 다른 미래가 있기를 바라는 얼굴들이 하나둘 떠올랐다. 선생님, 누나, 동생, 그리고, 어머니... **2. 내가 시도해볼 만한 아이디어는 어떤 것이 있는가?** – 사람들이 기억할 수 있게 명함을 만들어 돌린 것. (145p) – 위기 속에서 주저앉지 않고 주변의 좋은 사람들을 통해 살길을 찾은 것. (159p) – 현재 주어진 상황에서 주어진 일에 최선을 다하는 것. (183p) – 일단 일을 하기로 했으면 끝까지 일을 계속한다. 요구 조건들이 지나치다 싶어도 최대한 수용하고, 물건 가격이 폭락했다 하더라도 그건 내가 감수해야 할 부분이라는 생각으로 끝까지 일을 맡는다.(187p) – 늘 배우는 자세로 일하는 것. (195p) – 마냥 힘들다, 힘들다, 하면서 이 시간을 허투루 보내지 말고, 큰 경험한다고 여기고 뭐가 잘못됐는지를 먼저 생각해 보는 것. 그리고 나중에 다시 같은 일이 반복되지 않게 하는 것. (207p) **3. 과거의 자신으로 돌아가지 않기 위한 시스템은 무엇인가?** – '떳떳한 장사꾼이 되겠다'는 목표를 떠올리며, 월급쟁이 고물상을 관둘 때의 그 초심을 되새기는 것. (169p) – 사람의 마음을 움직이고 그 사람을 내 편으로 만들기 위해 상대방의 입장도 헤아리면서 열심히 일하고 성실하게 사는 것. (186p) – 흔들릴 때, 발끈하고 싶을 때, 어이없고 모멸감이 느껴지는 일을 당할 때마다 '더 큰 반전을 보여주려고 이런 시련이 주어진 거야. 두고 봐. 내가 어떤 놈인지 보여줄 테니까' 수만 번의 되뇜을 통해 성실함이 다져졌고, 계속 일을 할 수 있었다.(200p)

3 After	**1. 저자가 나라면 어떻게 어려움을 이겨냈을까?** - 2007년 친구에게 사기를 당하고 2년 동안 나의 의식 수준은 분노와 무기력과 수치심 사이를 오가고 있었다. 이런 나에게 저자는 '더 큰 반전을 보여주려고 이런 시련이 주어진 거야. 두고 봐. 내가 어떤 놈인지 보여줄 테니까'라고 말해주었다. - 뭐가 잘못됐는지 먼저 생각해보고, 다시 같은 일을 반복하지 않는 것. **2. 책을 읽고 난 후 나의 의식 변화가 있었는가?** - 세상에 모든 책임을 돌리면 점점 헤어 나오지 못할 수렁에 빠진다. 분노를 긍정적 신호로 해석해서 상황을 받아들여야겠다. 매일 목표를 세우고 견디면 내 의식 수준이 자발성(310)에 도달할 수 있겠다는 생각이 들었다. - 나는 고물만 가져가지 않고, 내 돈 주고 쓰레기 봉투를 사서 남은 쓰레기까지 싹 다 치웠다. 다른 고물상이 투자하지 않는 노동력을 투자한 것이었고, 또한 쓰레기 봉투값을 투자한 것이었다.(219p)는 말에 '내가 사야 할 쓰레기 봉투는 무엇인가?' '내가 다른 사람보다 더 투자해야 하는 노동력은 무엇인가?'고 생각했다. **3. 한 가지를 개선할 수 있다면 무엇을 개선하겠는가?** - 돈 많이 번다는 종목에 뛰어들었다가 손해보지 말고, 초심을 잃지 말고 마진보다는 일 자체에 집중하는 것

시를 참고하며 읽으면 된다.

자신의 의식 수준을 깨달았다면 이제 본격적으로 빅 커리어를 위한 준비를 시작해야 한다. 계획 없이 무작정 떠나는 여행과 목적을 가지고 어디를 갈 것인지, 가서 무엇을 할 것인지를 미리 꼼꼼하게 계획하고 떠나는 여행은 다르다. 준비 없이 떠나 좌충우돌하는 여행도 나름 묘미가 있지만 제한된 시간 안에서 최대한 많은 것을 얻으려면 역시 준비가 필요하다.

빅 커리어를 위한 준비는 어찌 보면 단순하다. '왜'라는 질문에 답을 하는 것이 전부다. '왜'는 일의 성과를 좌우하는 가장 중요한 질문이다.

1. 왜 나는 빅 커리어를 만들려고 하는가?
2. 왜 열심히 일하는데도 성과가 나지 않는가?
3. 왜 다른 동료들에 비해 성장이 늦을까?

『일을 했으면 성과를 내라』(류랑도, 쌤앤파커스, 2016)의 저자인 류랑도 대표는 "탁월한 성과를 내는 사람은 모든 일을 '왜'라는 질문으로 시작한다"고 말했다. 어떤 일을 시작할 때 자신에게 '왜'라고 재차 물을수록, 그리고 그 답이 구체적일수록 일을 해야 할 이유가 명확해지며 지속성이 높아지기 때문이다.

아이젠하워의 원칙

“어떤 일을 하시나요?”

잠시 책을 덮고 자신이 어떤 일을 하는지 생각해보자. 아마도 선생님이라면 ‘아이들을 가르친다’, 기획팀이라면 ‘프로젝트를 기획한다’, 회계팀이라면 ‘장부를 관리한다’ 등 대략적인 대답은 바로 할 수 있을 것이다.

“그것만으로는 잘 모르겠네요. 좀 더 구체적으로 이야기해주시겠어요?”

그러나 상대방이 이처럼 재차 질문한다면 그때부터 머리가 조금 복잡해진다. 늘 정신없이 일하는데도 막상 어떤 일을 하는지 구체적으로 답하려고 하면 쉽사리 입이 떨어지지 않는다.

물론 분야 자체를 생소해하는 사람에게는 어디서부터 설명할지 판단이 쉽지 않고, 몇 가지의 단순한 일만 하기 때문일 수도 있다. 하지만 평소 자신이 하는 일을 제대로 인지하고 있지 않기 때문이기도 하다. 보고 싶은 것만 보고 듣고 싶은 것만 듣는 것을 '선택적 지각'이라고 하는데, 이는 자기가 보고 들은 것만이 전부라고 판단하게 하는 원인이기도 하다. 일을 할 때 자신이 객관적으로 어떤 일을 하고, 어떻게 해야 하는지를 깊게 보지 않고 적당히 흘려보기 때문에 업무 파악을 제대로 못 하는 경우가 많다. 그래서는 안 된다. 빅 커리어를 시작하려면 우선 자신의 업무를 아주 사소한 것도 놓치지 않겠다는 마음으로 돋보기로 들여다보듯 깊게 봐야 한다.

'시이불견(視而不見)'이라는 말이 있다. 보아도 보지 못한다는 뜻이다. 시(視, 볼 시)는 흘려 본다는 의미로 별 관심 없이 눈에 들어온 것만 보는 것을 의미한다. 반면 견(見, 볼 견)은 좀 더 관심을 갖고 자세히 본다는 의미를 지니고 있다. 업무 성과를 극대화하려면 업무를 흘려보지 않고 주의 깊게 봐야 한다. 그래야 열심히 일하고도 성과가 나지 않는 원인을 파악하고 효율적으로 성과를 낼 수 있는 방법을 찾을 수 있다. 업무를 파악할 때는 전체적인 틀을 보는 것도 중요하지만 현장의 세부를 명확히 보고 업무를 적절하게 쪼개는 것도 중요하다. 업무를 쪼개는 이유는 내가 어떤 일을 할 때 시간을 괜스레 많이 쓰지는 않는지, 꼭 해야 하는 일을 미루고 있지는 않은지 등 성과를 내기 위해 기본적으로 살펴보아야 할 내용을 점검할 수 있기 때문이다.

업무 세분화 예시

- ☐ 기업 독서경영 준비
- ☐ 결제 요청 및 세금계산서 발행
- ☐ 서브바인더 매뉴얼 제작
- ☐ 강의안 편집 및 PPT 제작
- ☐ 강의 현장 수행 및 사전준비
- ☐ B2C 교육 준비 및 운영
- ☐ 지방 강의 장거리 운전
- ☐ 건강 바인더 프로젝트 PM
- ☐ B2C 독서 리더 매니지먼트
- ☐ B2C 독서 기본 매니지먼트
- ☐ Dip-Navi 운영 및 고객 관리
- ☐ 교육 자동화 시스템 매뉴얼화

하나의 일 속에는 성격이 다른 여러 요소가 존재한다. 예를 들어 '영업'이라는 큰 범주의 일 안에는 '고객 관리', '상품 숙지', '고객 발굴', '실적 보고' 등 다양한 요소의 일이 존재한다. 이러한 일을 각각 '태스크(Task)'라고 부르는데, 업무의 최소 단위로 이해하면 쉽다. 하나의 업무는 보통 약 10~20개의 태스크로 구성된다. 그러나 막상 업무를 10~20개의 태스크로 쪼개기란 쉽지 않다. 얼핏 들으면 쉬울 것 같지만 막상 적어보면 10개를 채우기도 벅차다. 업무 세분화를 처음 하는 분들은 태스크를 서너 개 적고 더 이상 쪼갤 것이 없다며 난감해하기도 한다. 이는 쪼갤 것이 없어서라기보다 평소에 업무를 세밀하게 관찰하지 않았기 때문인 경우가 많다. 눈을 크게 뜨고 자신의 업무를 보고 또 보면 더 많은 세분화가 가능하다.

세분화가 버겁다면 태스크의 내용을 구체적으로 명시하고, 동사를 활용해 하나의 문장으로 만들어보자. 예를 들어 '서류에 따른 인사고과 정리'처럼 두루뭉술한 태스크를 '해당 분야 관리자로부터 직원의 인사고과 서류를 받아 보관하고 인사 시스템에 업데이트 한다'와 같이 적으면 태스크의 성격을 보다 명료하게 규정할 수 있다.

태스크를 어느 정도 쪼갰다면 태스크의 우선순위를 정해야 한다. 태스크의 중요도는 동일하지 않다. 어떤 일이 있어도 꼭 해야 하는 태스크가 있는가 하면, 바쁠 땐 조금 미뤄도 괜찮은 태스크가 있다. 해야 할 일은 많은데 할 시간이 부족하다면 당연히 우선순위가 높은 태스크부터 처리해야 한다.

일을 할 때 우선순위를 정해야 한다는 사실은 많이들 알고 있다.

그러나 그 기준을 정하는 일에는 어려움을 느낀다. 많은 석학들이 다양한 기준과 원칙을 제시해왔지만 그중 아이젠하워의 원칙만큼 실용적이며 설득력 있는 방식은 없다고 생각한다. 아이젠하워는 미국의 34대 대통령이자 노르망디 상륙작전을 지휘해 파죽지세로 유럽을 삼키던 독일의 발목을 잡은 육군 사령관이다. 그는 시간을 철저히 관리하는 사람으로도 유명한데, 그런 그가 제한된 시간을 효율적으로 사용해 성과를 극대화하는 방법으로 제시한 것이

아이젠하워의 원칙

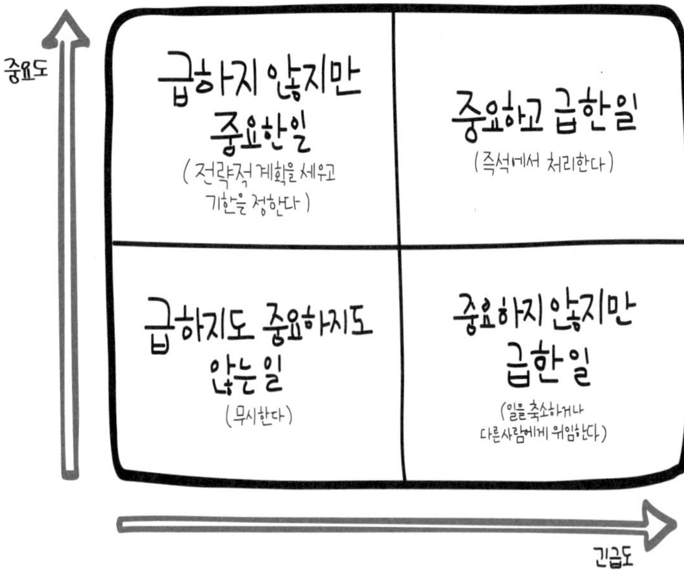

바로 아이젠하워의 원칙이다.

아이젠하워는 일을 중요도와 긴급도 기준으로 나눈다. 1순위는 중요하고 급한 일, 2순위는 급하지는 않지만 중요한 일, 3순위는 중요하지는 않지만 급한 일, 4순위는 급하지도 중요하지도 않은 일로 구분한다. 우선순위에 따라 일을 처리하는 방법도 달리한다.

위의 표를 보고 태스크 중 꼭 해야 할 일 여섯 가지를 체크해보자. 추려진 여섯 가지 태스크끼리의 우선순위를 정하는 것도 좋다.

또한 업무를 제대로 보려면 자신의 관점이 아닌 타인의 관점으로 볼 필요가 있다. 역지사지하는 것이다. 타인은 내가 보지 못한 것을 본다. 나의 입장을 내려놓고 상대방의 눈이 되어보는 것이 업무 쪼개기의 출발이다. 특히 상사의 관점에서 우선순위를 체크해볼 필요가 있다. 상사가 아니더라도 자신이 생각하는 우선순위와 다른 사람이 생각하는 우선순위에는 간극이 있다.

상사의 우선순위를 알아야 하는 데는 이유가 있다. 서 있는 곳이 다르면 풍경도 다른 법이다. 직장에서도 마찬가지다. 말단 사원의 눈으로는 윗사람이 어떤 일을 하고, 자신이 어떤 일을 해야 하는지 보기 어렵다. 하지만 말단 사원부터 차근차근 단계를 밟아 올라온 상사는 아랫사람이 어떤 일을 해야 하는지 보다 명확히 알고 있다. 미처 캐치하지 못한 중요한 일을 짚어줄 수 있기 때문에 상사에게 태스크의 우선순위를 물어보는 것이 좋다.

업무 우선순위 비교

나의 우선순위
☑ 기업 독서경영 준비
☐ 결제 요청 및 세금계산서 발행
☐ 서브바인더 매뉴얼 제작
☐ 강의안 편집 및 PPT 제작
☐ 강의 현장 수행 및 사전준비
☑ B2C 교육 준비 및 운영
☐ 지방 강의 장거리 운전
☑ 건강 바인더 프로젝트 PM
☑ B2C 독서 리더 매니지먼트
☑ B2C 독서 기본 매니지먼트
☐ Dip-Navi 운영 및 고객 관리
☑ 교육 자동화 시스템 매뉴얼화

상사의 우선순위
☑ 기업 독서경영 준비
☑ 결제 요청 및 세금계산서 발행
☑ 서브바인더 매뉴얼 제작
☐ 강의안 편집 및 PPT 제작
☐ 강의 현장 수행 및 사전준비
☐ B2C 교육 준비 및 운영
☐ 지방 강의 장거리 운전
☑ 건강 바인더 프로젝트 PM
☑ B2C 독서 리더 매니지먼트
☐ B2C 독서 기본 매니지먼트
☐ Dip-Navi 운영 및 고객 관리
☑ 교육 자동화 시스템 매뉴얼화

자신이 생각한 우선순위와 상사의 우선순위가 100퍼센트 일치하는 경우는 극히 드물다. 우선순위에 차이가 있는 이유를 상사에게 물어보고 다시 정해보자. 그래야 더 높은 효율로 성과를 낼 수 있다.

프로젝트, 취미, 스트레스, 쓰레기 구분법

일의 우선순위를 구분했다면 자신이 그 일을 어떤 관점으로 받아들이는지를 살펴볼 차례다. 관점에 따른 일의 종류는 크게 프로젝트(Project), 취미(Hobby), 스트레스(Stress), 쓰레기(Junk)로 구분할 수 있다.

처음 내게 이 구분법을 알려준 분은 구본형변화경영연구소 대표인 구본형 선생님이다. 2009년 2월, 나는 연구소에서 운영하는 '나를 찾아 떠나는 여행'이라는 프로그램에 참여했다. 참여 인원은 여섯 명이었고 모두 나처럼 일에 대해, 미래에 대해 고민이 많은 직장인들이었다. 각자 돌아가며 소개를 한 후 구본형 선생님이 마이크를 잡으셨다.

"넘어진 곳에서 일어서려면 우리를 넘어뜨린 그 땅을 짚고 일어서야 합니다. 삶을 바꾸고 싶으면 지금의 삶에서부터 출발해야 합니다. 평생 쓸 수 있는 무기를 만들기 위해서는 지금 하는 일을 짚고 일어서야 하지요. 현재의 직무, 매일 반복하는 일, 지금 내가 하고 있는 바로 그 일속에 평생의 필살기를 마련할 비밀이 숨겨져 있습니다."

선생님의 말을 듣고 내 마음은 요동쳤다. 선생님은 두 가지 질문을 던졌다.

"지금 하는 일에 만족하나요? 지금 하는 일에 자신의 능력 전부를 쓰고 있나요?"

어쩌면 누구나 한 번쯤 들어보았을지도 모를 이 질문을 나는 서른여섯에 처음 들었다. 이어서 선생님이 한 말은 비수처럼 내 마음 깊숙한 곳을 찔렀다.

"지금 하고 있는 일에 만족하지도, 전력을 다하지도 못하는 것이 대다수 직장인들의 현실입니다. 여기에는 만족도 탁월함도 존재하지 않습니다. 직장인의 비극이지요."

'직장인의 비극'이라는 말이 계속 입에 맴돌았다. 그럼 대체 어떻게 해야 한단 말인가.

선생님은 계속 질문했다.

"여러분은 어떤 회사의 어떤 부서에서 일하고 있나요? 그 부서에서 구체적으로 무슨 일을 하고 있나요? 제가 기준을 제시해드릴

테니 자신의 업무를 이 실습지에 적용해서 작성해보세요."

실습지에는 세로축은 업무 중요도, 가로축은 적성 적합도를 기준으로, 앞서 말한 네 가지 영역이 구분되어 있었다. 업무 중요도가 높고, 내 적성에도 맞아 잘할 수 있는 일의 영역이 '프로젝트', 중요도는 상대적으로 떨어지지만 적성에 잘 맞아 즐겁게 할 수 있는 일은 '취미', 업무 중요도가 높으면서 적성에 잘 맞지 않아 잘할 수 없는 일은 '스트레스'에 속한다. 마지막으로 중요도도 떨어지고, 적성에도 맞지 않는 일은 '쓰레기'에 포함된다.

업무 중요도와 강점 매트릭스 1

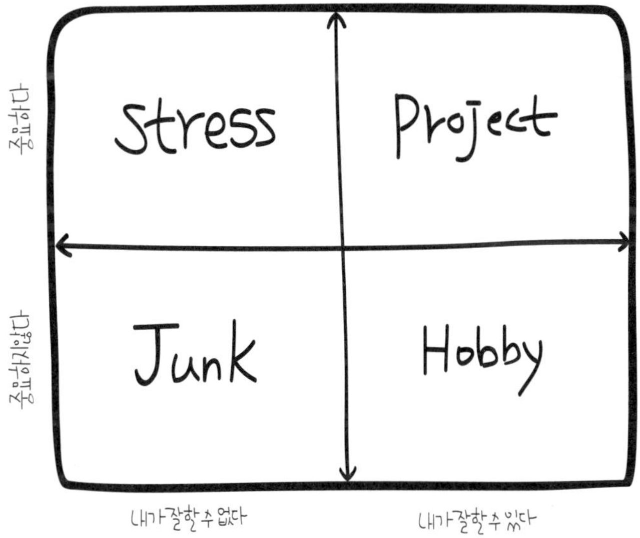

내가 하는 일을 이렇게 구분할 수 있다는 것이 새로웠다. 선생님은 내가 작성한 실습지를 보고 말했다.

"상배는 스트레스가 많네. 대부분의 일이 스트레스 영역에 있어. 프로젝트에 해당하는 일은 없고, 취미에 속하는 일도 드물어. 어떻게 하면 스트레스를 줄이고 신나게 일할 수 있을지를 고민해보는 것이 좋겠어."

단순히 영역을 구분하는 것만으로도 그전에는 막연하기만 했던 일의 성격이 명확하게 보였다. 왜 그동안 일이 지겹고 힘들게만 느껴졌는지, 왜 열심히 일을 해도 만족할 만한 성과가 나오지 않았는지를 알 수 있었다.

이후 나는 내가 하는 일을 태스크 단위로 쪼개고 영역을 구분했다. 이직을 했을 때도, 새로운 업무가 주어졌을 때도 선생님으로부터 배웠던 구분법이 큰 도움이 됐다.

주변을 보면 직장인이든 사업자든 할 일이 태산이라며 힘들어하는 분들이 많다. 할 일은 많고 시간은 늘 부족하다 보니 아무리 열심히 해도 도무지 일은 줄지 않는다. 시간이 흐를수록 처리하지 못한 일이 산더미처럼 쌓일 뿐이다.

일을 처음 시작할 때는 아직 서툴러서 업무 속도가 느리기 때문에 일이 많게 느껴지는 거라고 생각할 수 있다. 업무에 익숙해지면 처리 속도가 빨라져 여유가 생길 것이라고 기대하기도 한다. 그러나 과연 그럴까. 물론 시간이 지나면 처리 능력이 향상돼 속도가 빨라진다. 하지만 경력이 쌓이면서 그만큼 새로운 업무가 계속 늘어난다. 신입 때는 시키는 일만 하면 되고, 책임질 일도 별로 없지만 직급이 올라갈수록 일만 늘어나는 것이 아니라 책임 또한 무거워진다.

일을 제때 처리하지 못하면 마음이 불편할 수밖에 없다. 스트레스는 쌓이고 주말에도 편히 쉬기 어렵다. 한편으로는 화가 나면서도 다른 한편으로는 일을 처리하지 못한 자신을 자책한다.

어떻게 해야 산더미처럼 쌓이는 일을 효율적으로 처리할 수 있을까. 앞서 우리는 일의 우선순위와 영역을 구분하는 연습을 했다. 그러나 밀린 일에 대한 부담감은 여전하다. 일을 미루는 것은 근본적인 해결책이 아니다. 아예 버려도 될 일은 깨끗하게 버리고 중요한 일에 시간과 에너지를 집중하는 것이 바람직하다. 확실하게 버려야 할 일만 정해도 일은 대폭 줄고 생산성은 증가한다.

어린 시절, 방학 때면 이모 집에 자주 놀러 가곤 했다. 이모와 이모부는 복숭아 농사를 지으셨다. 그런데 늦은 봄이면 멀쩡한 복숭아나무의 가지를 자르는 것이다. '솎아베기'를 했을 뿐이지만 어린 내 눈에는 이상하기만 했다.

"이모부, 작은 열매가 많이 달려 있는데 왜 가지를 잘라요?"

"가지치기를 하지 않으면 열매는 많이 열리겠지. 하지만 너무 많으면 복숭아가 잘 크지 못해 상품성이 없단다. 그래서 몇 개만 남기고 잘라내는 거야. 이렇게 하면 영양분이 남은 열매에게 집중되니 더 잘 자라겠지?"

일도 마찬가지다. 원하는 성과를 내려면 모든 일을 끌어안지 말고 버려야 할 일은 버려야 한다. 숲속에 큰 나무를 키우려면 큰 나무 사이에 있는 작은 나무를 솎아내야 한다. 일을 할 때도 내가 하는 일 중 큰 나무가 무엇이고 작은 나무는 무엇인지 알아봐야 한다. 그다음 과감하게 작은 나무를 버려야 한다.

파레토 법칙(Law of Pareto)에 따르면 원인의 20퍼센트가 결과의 80퍼센트를 만든다고 한다. 열 가지 업무 중 중요한 두 가지가 전체의 80퍼센트를 차지할 수도 있다는 뜻이다. 그러니 너무 겁먹지 말고 작은 나무를 솎아내듯, 중요하지 않은 일을 찾아 과감하게 버려도 좋다. 잘 버리는 것만으로도 성과를 극대화하고, 이런 경험들이 쌓여 빅 커리어를 쌓을 수 있음을 알게 될 것이다.

어디에나 구덩이가 있다

지금까지 우리는 업무를 제대로 보는 요령을 익혔다. 하지만 고정된 사고방식, 즉 고정관념은 그렇게 쉽게 깨뜨릴 수 있는 것이 아니다. 어지간해서는 변하지 않는 사고방식을 '마인드 셋(Mind-Set)'이라고 부르는데, 습관에도 좋은 습관과 나쁜 습관이 있듯 마인드 셋이라고 해서 반드시 나쁜 것만은 아니다. 어떤 일을 하든 도움이 되는 좋은 마인드 셋도 있다. 반대로 마인드 셋에 문제가 있으면 무슨 일을 해도 만족스러운 결과를 얻지 못한다.

일도 마찬가지다. 사람마다 사고방식이 다르기 때문에 일하는 방식도 제각각 다르다. 나는 고정된 업무 사고방식을 '워크 셋(Work-Set)'이라 부른다. 마인드 셋에서 착안했다. 워크 셋에도 마인드 셋과 마찬가지로 성과를 내는 데 도움이 되는 것이 있는가 하면 오히려 방해만 되는 것도 있다.

일도 습관이다. 열심히 하는데도 성과가 나지 않는다면 워크 셋을 점검해볼 필요가 있다. 문제가 있다면 과감하게 바꾸어야 한다. 성과를 방해하는 워크 셋을 성과를 내는 워크 셋으로 바꾸는 것 또한 빅 커리어 프로젝트의 중요한 과정이다.

종종 "할 일 없으면 노가다라도 뛰지 뭐"라고 말하는 사람을 볼 수 있다. '노가다'는 일본어 '도카타(どかた)'가 변형된 용어다. 도카타(どかた)는 토방이라는 의미인데, 노동자들이 공사장 주변의 작은 토방에서 먹고 자며 일했기 때문에 막일을 하는 노동자들을 가리켜 도카타라고 부르면서 만들어진 단어다. 우리나라에서 노가다는 공사판 노동자, 막일꾼 정도로 표현되는데, 사람뿐 아니라 막일 자체를 의미하기도 한다.

'막일'이라고 하면 대개 힘들고 고된 일을 떠올린다. 하지만 힘들고 고된 이유가 꼭 육체적, 정신적 에너지가 많이 소모되기 때문만은 아니다. 의미도 찾기 어려운 똑같은 일을 끊임없이 반복해야 하는 것에서 오는 고됨도 포함한다. 결국 막노동만이 노가다가 아니라 의미 없이 되풀이하는 일 모두 노가다나 마찬가지다.

그렇다면 당신이 하는 일은 노가다인가 아닌가. 스스로 답해보자. 하기 싫은 일을 어쩔 수 없이 되풀이하는 노가다식 업무에서 좋은 결과가 나올 리 만무하기 때문이다.

성과를 내려면 노가다가 아닌 프로젝트로 업무에 접근해야 한다. 프로젝트란 분명한 목표를 달성하기 위해 일정한 기간 동안 수행하는 활동을 의미한다. 노가다가 따로 있는 것이 아니듯 프로젝트도 특별한 일만 지칭하는 것이 아니다. 현대 경영학의 창시자로 손꼽히는 톰 피터스(Tom Peters)는 "자신이 수행하는 모든 일이 프로젝트다(All white-collar work is project work)."라고 말했다.

톰 피터스의 말처럼 우리가 하는 모든 일은 프로젝트가 될 수 있다. 이 말은 결국 일을 어떻게 대하는지에 따라 현재 자신의 일이 프로젝트도 될 수 있고 노가다도 될 수 있다는 뜻이다.

예를 들어보자. 온라인 쇼핑몰을 운영하는 자영업자에게 상품을 포장하는 일은 노가다의 성격이 강하다. 하루 종일 기계적으로 똑같은 일을 해야 하니 지루하고 재미도 없다. 특별한 노하우가 필요한 것도 아니어서 아무나 해도 상관없으니 노가다라고 해도 아무도 이견이 없을 것이다.

하지만 '꼼꼼한 포장으로 올 연말까지 상품 훼손율 5퍼센트 이내로 줄이기'를 목표를 세우고 포장을 한다면 어떨까. 아마도 어떻게 하면 상품이 배송 중에 훼손되지 않을지 아이디어를 떠올리며 포장할 것이다. 그 순간 포장은 단순 반복 노가다가 아닌 프로젝트가 된다.

빅 커리어를 위해서는 모든 일을 프로젝트로 받아들이는 것이 중요하다. 무엇보다 프로젝트로 업무를 수행하면 아무리 힘들고 어려운 일이라도 설레는 마음으로 도전할 수 있고, 끝냈을 때의 성취감도 크다.

프로젝트와 노가다의 차이

프로젝트	노가다
마음이 두근거리는 도전	나를 힘들게 하는 것
성장을 가능하게 하는 일	오로지 생계를 위한 일
성공했을 때 벅차오르는 성취감	끝나면 속이 후련한 것
혁신을 통해 새로운 가치 창출	기존 방식 답습
스스로 아이디어를 창조	지시한 그대로 실행

프로젝트와 노가다의 차이를 이해했다면 이제 자신의 워크 셋이 어디에 해당하는지를 생각해보자. 당신은 노가다 워크 셋으로 일하는가 아니면 프로젝트 워크 셋으로 일하는가.

그러나 모든 일을 프로젝트로 진행할 경우, 자칫하면 매너리즘에 빠질 수 있다. 그럴 때마다 자신에게 물어보자. '이 일의 핵심은 무엇인가', '지금 하는 방법 말고 다른 방법은 없을까'라며 끊임없이 질문하고 답을 찾다 보면 자신도 모르게 노가다처럼 하던 일을 프로젝트로 받아들이게 되는 경험을 하게 된다.

내 실제 경험을 예로 들어보겠다. 3P자기경영연구소 강규형 대표님이 운영하는 양재나비 독서 모임에서는 1년에 한 번 독서 MT를 간다. 약 700여 명이 모여 MT를 간 내용이 중앙일보에 실린 적이 있는데, 놀랍게도 『생각의 비밀』의 저자이자 스노우폭스 대표인 김승호 회장님이 '이런 모임이 있으면 저도 불러주세요'라며 댓글을 단 것이다.

나 역시 마침 『생각의 비밀』을 읽고 깊은 감명을 받은 차였다. 댓글을 보고 회장님을 초청할 수 있겠다는 생각이 들었다. 예상대로 회장님은 흔쾌히 수락하셨고, 나는 행사를 준비하기 시작했다.

김승호 회장님의 인기는 폭발적이었다. 모집 공고를 하기도 전에 100여 명이 구두로 신청을 해왔다. 그러나 양재나비 모임을 진행하는 지하 공간은 책상을 다 치우고 의자만 놓아도 100명의 수용이 가능할까 말까였다. 대표님께 상황을 보고한 후 서둘러 200명 정도를 수용할 수 있는 근처의 교회 건물을 빌려 진행하기로 했다. 그러나 신청자는 끝도 없이 계속 늘어만 갔고, 신청을 해도 강의를 듣지 못하는 사람들의 불만의 목소리는 점점 커졌다.

그때 내 안에 노가다식 사고방식이 발동되었다. '나도 할 만큼 했다. 더 이상 어떡하라고, 이 주변에 더 이상 확보할 장소도 없지 않은가'라며 스스로를 합리화하며 해결할 노력도 하지 않았다. 이런 나의 모습이 안타까웠는지 강 대표님과 이사님이 직접 움직여

근처 구민회관의 750석 규모의 장소를 섭외했다.

나도 구민회관을 고려하지 않은 것은 아니었다. 다만 강의가 토요일이라 만약 그 장소를 빌린다면 불가피하게 관계자들이 주말 출근을 해야 하는 상황이었고, 황금 같은 주말을 반납하면서까지 회관을 빌려주지는 않으리라 생각했다. 그러나 그것은 내 고정관념이었다. 일을 노가다처럼 하지 않는다고 자부해왔던 나로서는 한 방 먹은 셈이다.

장소를 섭외하는 것은 노가다처럼 했지만 그렇다고 행사까지 노가다로 진행할 수는 없다는 생각이 들었다. 몇 날 며칠을 김승호 회장님의 특강을 준비하기 위한 회의만 했다. 스노우폭스 로고가 들어간 바인더를 준비하는 것부터 700명의 인원이 원활하게 행사에 참여할 수 있는 방안까지 꼼꼼하게 논의했다.

회의를 하던 중 누군가가 아침식사를 제공하면 어떻겠느냐는 아이디어를 냈다. 아침 7시 강의라서 대부분 아침식사를 못하고 참석할 것이라고 예상되었기 때문이다. 하지만 쉬운 일이 아니었다. 700인분의 식사를 준비하는 것 자체가 어려운 일인 데다 만에 하나 음식에 문제라도 있다면 좋은 취지로 개최한 행사가 엉망이 될 수도 있었다. 아마 노가다처럼 억지로 하는 일이었다면 아침식사 아이디어는 흐지부지되었을 것이다. 그러나 우리 모두 프로젝트라는 생각으로 임했고 결국 아이디어를 떠올렸다. 바로 스노우폭스의 초밥을 제공하는 것이었다. 기쁜 마음에 강 대표님에게 말씀드렸다.

"좋은 생각이야. 그런데 문제는 예산이야."

대표님은 회비 만 원으로는 초밥 비용을 감당하기 어렵지 않을까 우려했다. 아마도 노가다 워크 셋으로 임했다면 이 지점에서 또 한 번 포기했을 것이다. 직접 스노우폭스 직영 매장을 방문해보니 다행히 캘리포니아롤이 6,500원이었다. 700개를 주문하고 스노우폭스 로고가 박힌 쇼핑백에 넣어 달라고 부탁했다.

그런데 행사를 하루 앞둔 5월 20일에 전화가 왔다. 김승호 회장님이 강의를 마친 후 몇 시간이 걸려도 좋으니 원하는 모든 분들에게 사인을 하겠다는 내용이었다. 순간 머릿속이 하얘졌다. 원래는 강의가 끝난 후 강 대표님과 김승호 회장님의 미팅이 계획되어 있었는데, 사인 행사가 길어지면 미팅이 불가능할 것이기 때문이었다. 그렇다고 어느 하나를 포기할 수도 없는 노릇이었다. 또다시 고민에 빠졌다. 강 대표님께 대안을 제시했다. 차라리 새벽에 미팅을 하는 방법이었다. 김승호 회장님은 흔쾌히 우리의 사정을 봐주셨고, 가까스로 새벽 시간을 이용한 30분 미팅이 성사되었다.

행사 당일, 강의는 7시에 시작하는데 5시 30분부터 사람들이 몰려들기 시작했다. 구민회관 앞으로 100미터 이상 길게 줄이 늘어섰다. 그러던 중 김승호 회장님이 도착했고 예정대로 강규형 대표님과 30분가량 미팅을 했다.

그리고 역사적인 특강이 시작되었다. 전국에서 모인 700명의 청중을 보고 김승호 회장님은 깜짝 놀랐다. 강의는 순조롭게 진행되었고 강의가 끝난 후 회장님은 또 한 번 놀랐다. 700명이 약속이라도 한 듯이 스노우폭스 로고가 새겨진 쇼핑백을 들고 있었기 때문이다. 회장님의 얼굴에는 환한 미소가 번졌다.

추후에 회장님은 '20~30년 전부터 늘 상상하던 강연이었다'며 고마움을 전했다. 특강을 성황리에 끝내고 사인회가 시작되었는데 300명 이상이 사인을 받기 위해 줄을 섰다. 사인은 10시를 훌쩍 넘기고서야 끝이 났다. 다음 장소로 이동하려는 회장님께 나는 수백 번 연습했던 질문을 꺼냈다.

"이 강연을 가능하게 한 양재나비의 작고 허름하지만 의미 있는 성지가 있는데 한 번 가보시겠습니까?"

"얼마나 걸리나요?"

"걸어서 3~4분 정도 걸립니다."

"음, 좋습니다. 구경 좀 할까요."

마침내 김승호 회장님을 3P자기경영연구소 본사로 자연스럽게 안내했고, 강규형 대표님과의 2차 미팅도 성사시킬 수 있었다. 비록 쉬는 시간을 이용한 10분 정도의 짧은 시간이었지만 두 분 모두 만족했다. 그제야 나는 내가 할 일을 다했다는 생각에 가슴이

벅차올랐다.

이 행사를 통해 노가다 워크 셋으로 일을 했을 때와 프로젝트 워크 셋으로 일했을 때 성과가 어떻게 달라지는지를 확실히 체험했다. 물론 준비하느라 스트레스도 많이 받았다. 하지만 어떤 일을 억지로 할 때 받는 스트레스와는 근본적으로 달랐다.

일을 하다 보면 정도의 차이는 있지만 누구나 크고 작은 스트레스를 받는다. 사실 스트레스가 꼭 나쁜 것만은 아니다. 적절한 스트레스는 오히려 일의 성과를 내는 데 도움이 된다. 하지만 스트레스가 너무 커 감당하기 어려울 정도면 의욕이 떨어지고 부담감만 커져 성과를 내기 어렵다.

그렇다고 스트레스 때문에 일을 그만둘 수도 없다. 스트레스 영역에 있는 일들을 보면 대부분 중요한 일이면서 내가 잘하지 못하는 일이기 때문이다. 피할 수 없다면 정면으로 부딪치는 것이 현명한데, 그렇다면 스트레스를 유발하는 원인을 찾아 해결하는 것이 중요하다. 내가 잘하지 못하는 것을 잘 할 수 있도록 노력하면 스트레스 영역에 있던 일을 프로젝트 영역으로 옮길 수 있다.

스트레스는 업무를 할 줄 몰라서 받는 스트레스와 할 줄은 알지만 마음대로 풀리지 않아서 받는 스트레스로 나눌 수 있는데, 몰라서 받는 스트레스는 적어도 노력으로 해결할 수 있다.

나는 2009년에 안경원에서 교육 전문 회사인 3P자기경영연구

업무 중요도와 강점 매트릭스 2

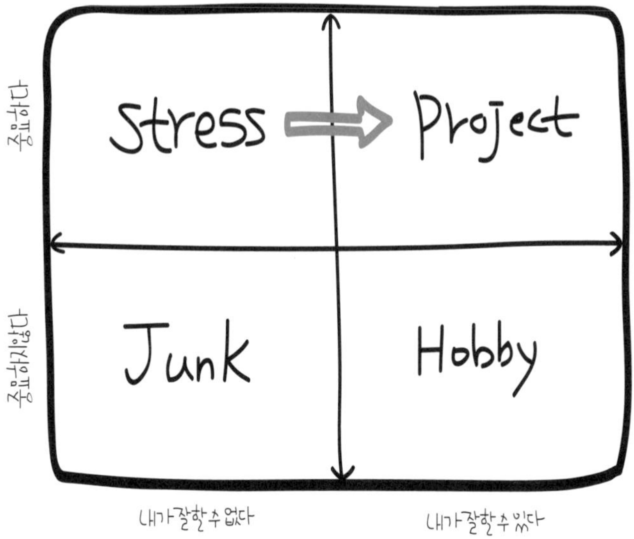

소로 이직했다. 초반에는 고전을 면치 못했다. 안경원에서는 워드나 엑셀, 파워포인트 같은 OA 프로그램을 쓸 필요가 없었는데, 이곳에서는 쓸 일이 많았다. 거의 모든 일에 필요했다. 나는 하루아침에 민폐만 끼치는 무능력한 사람이 되었다. 스트레스는 엄청났다. 이런 스트레스는 잘 모르기 때문에 받는 스트레스다. 몇 달 동안 프로그램을 집중적으로 배워서 어느 정도 자료를 만들 수 있게 되면서 자연스럽게 스트레스도 줄어들었다.

그다음엔 영업이 스트레스였다. 안경원에서도 늘 고객을 만나긴 했지만 가만히 있어도 안경이 필요한 고객이 찾아오는 구조이기 때문에 스트레스는 받지 않았다. 그렇지만 이제는 고객을 찾아 나서야 했다. 그것도 교육을 받아야 할 필요성을 느끼지 못하는 고객을 설득해야 했다.

결국 나는 반년이 넘도록 이렇다 할 실적을 올리지 못했다. 나름 용기 내어 영업을 했지만 지지부진했다. 스트레스를 극복할 길이 없어 보였다. 자신감은 바닥으로 떨어졌다.

그렇다고 포기할 수는 없었다. 이럴 때 믿을 건 책뿐이다. 우선 영업에 관련된 책 열 권을 탐독하고 공통점을 찾았다. 좋은 이야기가 많았지만 그중 '처음 만난다고 생각하지 말고 10년 만에 반가운 벗을 만나듯이 만나라'는 내용과 '상대방을 내가 잘 아는 영역으로 끌어들이라'는 메시지에 크게 공감했다. 내가 잘 아는 영역은 역시 안경과 관련된 일이었다. 나는 각오를 새롭게 다지고 영업을 나갔다. 운 좋게도 고객은 안경을 낀 분이었고, 안경원에서 일했던 경험을 살려 안경을 착용하기 편하게 고쳐드리면서 자연스럽게 용건을 말하며 대화를 이끌어갈 수 있었다. 그날 처음으로 큰 계약을 성사시켰고 자신감을 되찾으며 그 이후에도 순조롭게 성과를 낼 수 있었다. 이처럼 업무를 잘 몰라서 받는 스트레스는 노력하면 대부분 극복할 수 있다.

스트레스 영역에서 벗어나 프로젝트 영역으로 가는 길목에는 언제나 구덩이가 존재한다. 내 경우에는 OA 프로그램과 영업력이 구덩이였던 셈이다. 대부분의 구덩이는 극복할 수 있지만 아무리 노력해도 뛰어넘기 힘든 구덩이도 있다. 예를 들어 타고난 천성은 쉽게 바꾸기 어렵다. 태생적으로 정리정돈을 못하는 사람이 정리정돈의 중요도가 아주 높은 일을 하면 어떨까. 일도 안 되고 스트레스는 스트레스대로 받을 수밖에 없다. 천성적으로 낯을 가리는 사람이 사람을 많이 만나는 일을 할 때도 마찬가지다. 죽을힘을 다해 타고난 천성을 바꾸려고 노력하면 바뀔 수도 있겠지만 그 과정에서 겪어야 하는 스트레스는 상상을 초월한다. 또한 초인적인 노력으로 천성을 바꾼 결과가 꼭 만족스러우리란 보장도 없다.

스트레스와 프로젝트 사이의 구덩이

대부분의 경우 스트레스와 프로젝트 사이의 구덩이는 재능이 없거나 스킬이 부족하다는 문제에서 발생한다. 다행히 태생적으로 극복하기 어려운 스트레스는 그리 많지 않다. 대부분은 노력하면 얼마든지 극복할 수 있는 스트레스다. 그 스트레스를 극복하는 길이 곧 스트레스 영역과 프로젝트 영역 사이의 구덩이를 뛰어넘을 수 있는 길이니 피하지 말고 정면 승부하도록 하자.

한편, 내가 잘할 수 있는 일이지만 업무와 직접적인 관련이 없는 일들은 취미 영역에 포함된다. 취미 영역에 해당하는 일들은 당장 업무 성과를 높이는 데 큰 도움이 되지는 않지만 노력 여하에 따라 프로젝트 영역으로 이동할 수 있는 잠재력을 품고 있다.

사실 취미를 프로젝트로 발전시키는 건 쉬운 일이 아니다. 자기가 좋아하는 취미를 발전시켜 일도 하고 돈도 벌 수 있는 비즈니스 모델을 만들었다면 로또에 당첨된 것과 다름없다. 그만큼 어려운 일이다. 하지만 불가능한 일도 아니다. 자꾸 시도하다 보면 언젠가는 길이 보일 것이다.

그렇게 치면 난 비교적 행운이 따른 편이다. 취미를 살려 전업하는 데 성공했으니 말이다. 안경원에서 일할 때부터 책 읽기를 좋아했다. 책을 통해 얻은 지식을 다른 사람에게 알려주는 것도 즐겼다. 그렇지 않았다면 생소한 분야인 교육업체로 이직할 엄두는 못 냈을 것이다.

나 말고도 취미를 생업으로 발전시킨 사람은 많다. 평소 요리를 즐기던 분이 퇴직 후 음식점을 차린 예는 흔하다. 식물을 키우는 것이 좋아 텃밭을 가꾸던 분이 농사에 자신감이 붙으면서 농부로 전업한 예도 있다.

하지만 취미 영역과 프로젝트 영역 사이에도 구덩이가 있다. 이 영역의 가장 큰 구덩이는 '생계'일 것이다. 많은 사람이 취미를 선뜻 생업으로 삼지 못하는 이유도 대부분 생계 때문이다. 생계를 해결할 수 있는 확실한 장치만 마련된다면 자신이 잘할 수 있는 일

업무 중요도와 강점 매트릭스 3

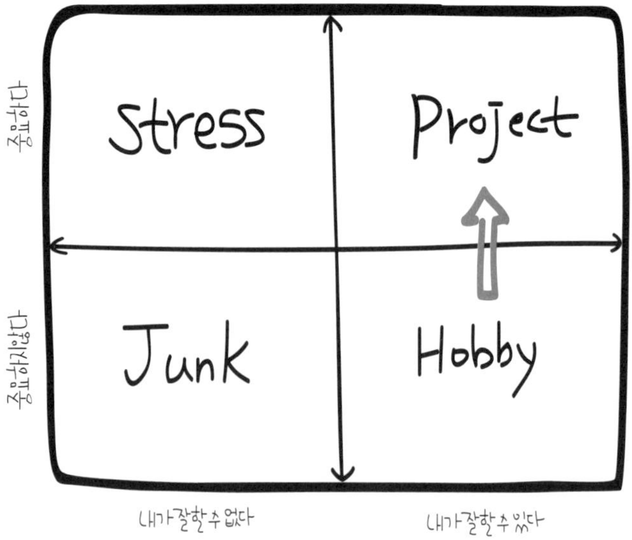

을 즐겁게 하면서 성과도 내는 것이 가능해진다.

그러나 꼭 직업을 바꾸어야만 취미가 프로젝트로 발전할 수 있는 것은 아니다. 본업에 충실하면서도 취미를 성과로 만드는 경우도 있다. 창의적 아이디어는 종종 전혀 다른 세계와의 부딪힘에서 나온다.

지인 중 금융 컨설팅을 하는 분이 있는데, 책을 읽는 것을 워낙 좋아해서 내가 진행하는 독서 모임에 자주 참여했다. 그분은 『청소력』(마스다 미츠히로, 나무한그루, 2007)이라는 책을 읽고 아이디어를 얻어 금융과 청소를 결합시킨 컨설팅을 개발했다. 무분별한 가입으로 관리가 되지 않는 금융상품을 깨끗하게 청소하여 고객이 보다 효과적인 금융 생활을 할 수 있도록 돕는 길을 제시했다. 반응은 폭발적이었다. 금융에 청소라는 개념을 결합하여 어려운 금융 지식을 쉽게 전달하니 고객들은 그를 더욱 신뢰하게 되었다. 취미를 프로젝트와 결합해 성과를 낸 좋은 예다.

물론 이분처럼 취미가 직접적으로 성과로 연결되는 일은 드물다. 그렇다고 실망하기에는 이르다. 와인을 좋아해 평소에 와인 공부를 열심히 했다면, 직장을 그만두고 사업을 할 때 큰 도움이 될 수 있다. 당장은 아니더라도 언젠가는 꼭 도움이 된다. 그러니 너무 조급해하지 말고 시간이 있을 때 꾸준히 취미 활동을 즐기기 바란다. 취미가 곧 기회이고 가능성이다.

사소한 습관, 위대한 성과

성과와 생산성은 거의 같은 말이다. 똑같은 일을 맡겨도 사람마다 결과물이 다른 이유 역시 업무 생산성의 문제다. 누구는 한 시간 만에 처리하는 일을 하루 종일 붙잡고 있는 사람도 있다.

업무 생산성은 최소의 노력으로 최대의 성과를 낼 때 극대화된다. 업무 생산성을 방정식으로 자신의 역량을 가늠해보자.

업무 생산성 방정식

$$\text{업무생산성} = \frac{\text{업무의 양} \times \text{업무의 질}}{\text{소요되는 시간}}$$

방정식을 보면 어떻게 해야 업무 생산성을 높일 수 있을지 알 수 있다. 간단하다. 소요되는 시간을 줄이고, 업무의 양과 질을 늘리면 된다. 물론 말이 쉽지 하루아침에 가능한 일은 아니다. 그러나 방정식을 보면 더욱이 왜 프로젝트로 일을 해야 하는지가 분명해진다. 스트레스를 받으며 노가다처럼 일하면 당연히 시간이 오래 걸릴 수밖에 없다. 취미처럼 일한다고 해도 소요시간은 줄일 수 있겠지만 중요도가 높은 업무에 집중하기 힘들다.

신입사원의 경우 업무 생산성은 당연히 선배들보다 떨어진다. 해본 적이 없는데 잘하는 게 더 이상하다. 결국 양으로 승부해야 한다. 질은 좀 떨어지더라도 양으로 어느 정도 커버할 수 있다. 새로운 프로젝트를 위해 시장 조사를 한다고 가정해보자. 신입사원이 프로젝트에 딱 들어맞는 양질의 자료를 찾기란 쉽지 않다. 그렇다면 조금이라도 도움이 될 것 같은 자료를 가능한 많이 찾는 것이 좋다. 선배들처럼 핵심 자료를 빠르게 찾지는 못해도 자료가 많으면 쓸만한 자료가 그중 몇 개는 나오기 마련이다.

시간이 지나 경험이 쌓이고 업무에 익숙해지기 시작하면 그때부터는 업무의 질을 높여야 한다. 양은 그대로라도 질이 높아지면 생산성은 자연스럽게 높아진다. 같은 시간에 처리할 수 있는 일의 양이 많아지기 때문이다. 단계별로 업무 생산성을 높이는 전략을 정리하면 다음과 같다.

• 시작 단계 : 질보다 양을 늘리는 데 집중한다.
• 중간 단계 : 양은 그대로 두고 질만 높인다.
• 숙련 단계 : 양과 질 모두 높인다.

처음에는 업무에 대한 이해가 필요하다. 일을 단면적으로 이해해서는 안 되며, 일의 밑그림과 골격을 입체적으로 파악해야 한다. 다양한 업무 패턴을 경험하면서 일 전체의 흐름을 인지하는 감각을 키워야 한다. 이를 위해선 자신의 일을 좀 더 깊게 연구하고 어떻게 하면 같은 시간에 더 많은 성과를 낼 수 있을지를 고민하고 시도해야 한다. 업무 생산성을 높이는 과정을 일의 관점에서 쉽게 도식화하면 다음과 같다.

업무 생산성을 높이는 과정

자신의 일을 이해하는 깊이가 깊어질수록 자연스럽게 일에 속도가 붙는다. 그렇지만 속도를 중심으로 일을 하다 보면 자칫 일이 수단으로 전락할 수 있다. 어떤 일을 처리하는 데는 절대적으로 필요한 시간이 있다. 이를 무시하고 무조건 속도만 내려고 하면 업무의 질은 떨어지고 생산성 역시 떨어지기 시작한다.

속도는 열매다. 잎사귀나 줄기가 아니다. 이해와 깊이라는 잎사귀와 줄기가 잘 자라야 열매가 열린다. 속도에 집착하지 말고 내가 하는 일을 제대로 이해하며 깊이를 더하려고 노력하자. 그래야 생산성도 올라가고 성과도 좋아진다.

일 잘하는 프로들에게는 공통점이 있다. 그들은 스스로 문제를 찾아내 해결하고 개선하려 한다. 문제를 주의 깊게 보고, 무엇이 문제인지 깨닫고, 문제를 해결하여 더 좋은 결과를 내기 위해 즉각 실행한다. 본깨적을 무의식적으로 실행하는 것이다.

반면 아마추어는 일이 풀리지 않으면 늘 변명부터 늘어놓는다. 다른 사람 탓으로 돌린다. 프로는 어떤 상황에서도 변명하지 않는다. 열악한 상황을 인정하고 어떻게든 해결하려고 애쓰며 결국 성과를 만들어낸다. 도저히 일하기 어려운 상황에서도 불평보다는 대안을 제시한다. 일 잘하는 사람의 또 다른 특징은 주어진 일을 하면서도 새로운 아이디어를 떠올린다는 점이다. 상사가 지시한 업무를 충실하게 처리하고 거기에 자신의 아이디어를 추가해 플랜 B를 만든다. 한 걸음 더 나아가 상사의 생각과는 상관없이 순전히 자신의 아이디어로 플랜 C까지 생각한다.

프로와 아마추어는 적성에 맞지 않고, 잘 못하는 일이 주어졌을

아마추어와 프로의 업무 그래프

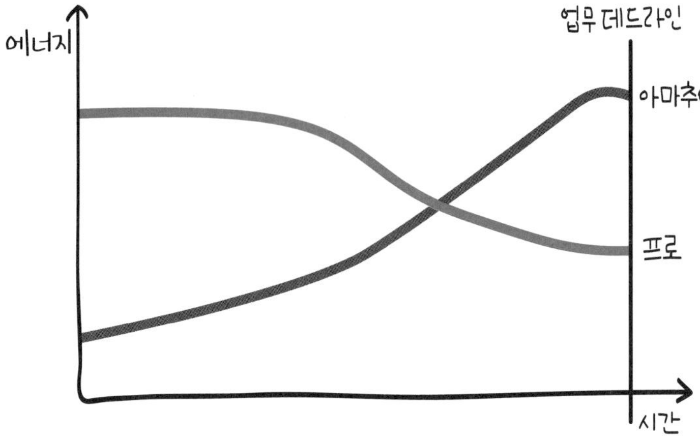

때 대처하는 방법도 다르다. 아마추어는 일을 붙잡고 끙끙대며 시간만 허비하거나 처음부터 맡지 않으려 한다. 미움받기 딱 좋은 태도다. 프로는 다르다. 못하는 일일수록 빨리 끝내려고 노력한다.

아마추어와 프로가 일을 하는 방식을 그래프로 보면 그 차이를 더욱 확연하게 알 수 있다. 아마추어는 일을 시작한 지 중반이 넘도록 이렇다 할 속도를 내지 못하다가 막판에 급격하게 속도를 내는 경향이 있다. 그래서 마감 직전의 그래프 기울기가 아주 가파르다. 반면 프로는 초반에 일을 신속하게 진행하면서 중후반 이후에는 완만한 곡선을 이룬다. 이 그래프는 잘하는 일을 할 때나 못하는 일을 할 때나 마찬가지다. 성과를 내기 위해서는 프로의 업무 방식으로 일해야 한다. 적성에 맞지 않는 프로젝트는 앞에서 제시한 것처럼 초반에 빠르게 진행해서 상사 혹은 고객의 충분한 피드백을 받아 반영할 수 있는 시간을 벌어두는 것이 안전하다. 잘하는 일도 120퍼센트, 200퍼센트의 성과를 내도록 노력하는 습관을 들이는 것이 좋다. 이 작은 습관의 차이가 3년 뒤, 5년 뒤 당신의 업무의 질과 양을 결정하게 되고, 빅 커리어를 쌓는 데도 결정적인 역할을 한다.

킹핀을 맞춰야
스트라이크를 칠 수 있다

처음 볼링을 쳤을 때가 기억난다. 보란 듯이 스트라이크를 하고 싶은데, 스트라이크는커녕 공이 옆으로 빠지지만 않아도 다행이었다. 모처럼 잘 굴러가서 중앙을 맞춰도 스트라이크는 쉽게 나오질 않았다. 답답해서 씩씩거리는 나를 보다 못한 친구가 잔소리를 했다.

"킹핀을 맞추란 말이야. 그래야 스트라이크를 할 수 있어."

"킹핀? 킹핀이 대체 뭐야, 가장 앞에 있는 핀이야?"

"아니야, 세 번째 줄 가운데 있는 5번 핀이 킹핀이야."

그전까지 나는 가장 앞에 있는 1번 핀이 킹핀인 줄 알았다. 친구 말대로 킹핀은 5번 핀이다. 이 킹핀을 제대로 넘어뜨리면 나머지 아홉 개 핀은 도미노처럼 같이 넘어간다.

일에도 킹핀이 있다. 그런데 대부분 킹핀을 보지 못하고 내가 1번 핀을 노린 것처럼 제일 쉽게 눈에 띄는 핀을 먼저 본다. 킹핀은 그대로 두고 엉뚱한 핀만 건드리니 열심히 일을 해도 성과가 나지 않는 것이 당연하다.

나는 입사 후 6개월 동안 무조건 열심히 달리기만 했다. 시행착오도 많이 겪었다. 이 방법으로 안 되면 저 방법으로 시도해보기를 반복했지만 결과는 나아지지 않았다. 열심히 움직여도 성과가 없으니 시간이 흐를수록 지쳐갔다. 일은 계속 늘어났지만 성과는 지지부진해서 고민이 많았다. 다행히 책에서 실마리를 찾아낼 수 있었다. 성과를 내는 사람들에게는 매일 일정한 패턴으로 실행하는 루틴이 있었다. 마치 습관처럼 의식하지 않아도 저절로 굴러가는 그런 루틴이었다.

운동선수 중에는 경기를 시작하기 전에 자기만의 방식으로 긴장을 푸는 선수들이 많다. 타석에 들어서기 전에 껌을 씹거나 스트레칭을 하는 등 특정 동작을 하는 야구선수들도 있고, 경기가 시작되기 전에 헤드폰으로 자신이 좋아하는 노래를 들으며 긴장을 푸는 수영선수도 있다. 방식은 조금씩 다르지만 좋은 결과를 얻기 위해 의식을 치르듯 매번 비슷한 루틴을 되풀이한다는 점은 같다.

나에게도 나만의 성과를 내기 위한 루틴이 필요하다는 생각이 들었다. 어떤 루틴을 만들까 고민하다 538운동을 떠올렸다. 당시

나는 신림동에서 살았는데, 신림역에 첫 번째 지하철이 도착하는 시간이 5시 38분이었다. 100일 동안 매일 5시 38분 열차를 타고 회사에 1등으로 출근하는 루틴을 만들기로 마음먹었다. 일이 서투니 남들보다 일찍 업무를 시작하는 것이 성과를 낼 수 있는 유일한 길이라고 생각했다.

그러나 루틴을 지속하기는 쉽지 않았다. 정신과 몸이 따로 놀았다. 머릿속으로는 루틴을 지속해야 한다고 생각하면서도 몸이 너무 피곤해서 포기하고 싶은 마음이 굴뚝같았다. 회사 책상에 엎드려 토끼잠을 자는 방식으로 꾸역꾸역 루틴을 지속해나갔다.

그렇게 한 달쯤 지났을 때 사무실에서 강 대표님이 스크랩하고 남은 신문이 눈에 들어왔다. 어떤 내용을 스크랩하셨을지 궁금해졌다. 인터넷으로 기사를 뒤져 보면서 대표님이 어떤 분야에 관심이 있는지 알 수 있었다. 나는 그 분야에 관련된 책을 구입해 읽기 시작했다. 그랬더니 신기하게도 회의할 때 대표님의 이야기가 귀에 들어오기 시작했다. 솔직히 그전에는 정확하게 어떤 이야기를 하는지 이해하지 못할 때도 많았다.

새벽 5시 38분에 첫 지하철을 타고 1등으로 출근하는 것은 성과를 내는 데 필요한 루틴일 수 있다. 그렇지만 킹핀은 아니었다. 일찍 일어나 확보한 시간을 어떻게 활용하느냐가 킹핀이었다. 나는 새벽에 상사가 관심을 두는 분야의 책을 읽으면서 드디어 성과를 낼 수 있었다.

성과를 내는 루틴을 만드는 것보다 더 중요한 것은 킹핀을 알아차리는 것이다. 관심을 갖고 자꾸 무엇이 핵심인지를 질문하다 보면 킹핀을 찾을 수 있다. 그러면 성과는 저절로 향상된다.

즉시, 반드시, 될 때까지

같은 방식을 되풀이해서는 빅 커리어를 쌓기 어렵다. 단순히 같은 일을 반복해 익숙해지는 것은 커리어가 아니다. 빅 커리어는 변화를 통해 발전한다. 똑같은 일을 하더라도 어제와는 다른 방식으로 할 때 커리어가 더 깊어지고 단단해진다.

그럼에도 빅 커리어를 위해 변화를 시도하는 사람들은 많지 않다. 변화의 필요성을 알면서도 실행하지 못해 자괴감에 빠지기도 한다.

하지만 너무 자책할 필요는 없다. 우리의 뇌는 태생적으로 변화를 싫어한다. 지금껏 하던 대로 해도 되는데 굳이 불편하게 변화를 주냐며 실행을 방해한다. 그러니 실행에 실패했다고 해서 자신을 구제불능이라 탓하지 않았으면 한다. 일단 변화를 너무 거대하게 생각하지 말자. 우리는 비교하고 경쟁하는 사회에서 자란 탓에 작은 변화보다는 큰 변화를 이루어내려고 애쓴다. 그러나 큰 변화는 어지간한 실행력으로는 이룰 수 없다. 그러니 지레 포기하는 경우가 많다.

아는 것과 행동하는 것 사이에는 간격이 있다. 많은 사람이 알면서도 행동하지 못하는 이유는 이 간격 때문이다. 둘 사이의 간격을 좁히는 것은 결국 '실행력'에 달려 있다. 아는 것을 바로 행동에 옮기는 사람들은 대부분 실행력이 뛰어나다. 실행력은 모든 사람이 가지고 있지만, 문제는 그 실행력을 깨우지 못하는 것이다. 솔로몬연구소 김성호 대표의 『일본전산 이야기』(김성호, 쌤앤파커스, 2009)에는 '즉시', '반드시', '될 때까지'라는 세 가지 키워드가 나온다. 우리가 무언가를 알고 행동으로 옮겨야 할 때, 이 세 가지 키워드만

스몰 커리어의 세 가지 실행 키워드

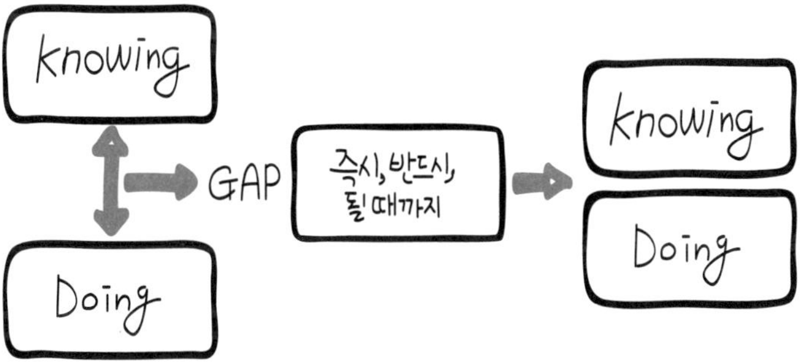

기억하면 머뭇거리던 사람도 마치 마법에 걸린 것처럼 행동한다고 한다.

일상 속 작은 도전에 이 세 가지 단어를 적용해보자. 예를 들어 우연히 길에서 고등학교 동창을 만났다고 하자. 무려 10년 만이다. 꽤 친했던 친구라 차라도 함께 마시면서 이야기를 나누고 싶은데 지금 당장은 서로 바빠 시간을 내기 어렵다. 이럴 때 어떻게 해야 친구를 다시 만날 수 있을까. 일단 머뭇거려서는 안 된다. '즉시' 묻고 약속을 잡아야 한다. 나중에 전화로 다시 약속을 잡아야겠다고 생각하면 실행하지 못할 가능성이 높다. 서로 시간이 맞지 않을 수도 있다. 그러면 슬슬 귀찮아진다. 이때 '반드시'를 꺼내자. 반드시 만나겠다는 생각으로 다시 한 번 약속 시간을 조정하자. 반드시 만나려고 마음먹으면 쉽게 포기하지 않을 수 있다. '될 때까지' 조정하게 되고, 결국 약속은 이루어진다.

직장에서도 실행력을 높이는 훈련을 할 기회가 많다. 일을 하다 보면 자료를 요청받을 때가 많다. 이미 작성된 자료고 보내기만 하면 되는 상황이다. 하지만 당장 처리해야 할 일이 있거나 외부에 있어서 메일을 보낼 수 없으면, 뒤로 미루거나 '사무실에 들어가서 보내드릴게요', '늦어도 내일 오전까지는 보내겠습니다'라고 답하는 경우가 많다. 약속을 지키면 다행이지만 정신없이 일을 하다 보면 깜빡 잊기 마련이다. 다시 요청을 받고서야 허둥지둥 자료를 보내면 보내주고도 좋은 소리를 못 듣게 된다.

외부에 있어서 자료를 보낼 형편이 안 돼도 '반드시'를 떠올려 보자. 반드시 보내야 한다고 생각하면 어떻게든 보낼 방법을 궁리하게 된다. 사무실에 있는 동료에게 부탁해보기도 하고 안 된다면 필요 당사자에게 연락을 해서 구두로 내용을 전달할 수도 있다. 상황이 어떻게 흘러갈지는 그때마다 다르겠지만 '될 때까지' 계속한다면 못할 것도 없다.

실행하기도 어렵고, 실행하는 데 많은 시간이 걸리는 일이라면 실패해도 덜 민망할 수 있다. 그러나 이미 있는 자료를 보내는 일은 단 몇 분이면 된다. 이렇게 간단한 일을 바로 실행하지 못해 쓴소리를 듣는 일이 잦다면 심각하게 반성해야 한다.

이제부터 일을 처리할 때 '즉시', '반드시', '될 때까지'를 생활화해보자. 상대방은 빠른 피드백에 감동받을 것이다. 그렇게 일 하나를 처리하면 마음이 가벼워져 다른 복잡한 업무를 처리하는 데 도움이 된다.

모든 일을 즉시, 반드시, 될 때까지 할 필요는 없다. 하지만 실행력이 약하면 꼭 해야 할 일도 차일피일 미루는 경우가 많다. 그러므로 일을 할 때 이 세 가지 키워드를 자주 꺼내 사용하는 연습을 하면서 실행력을 높이도록 하자. 이런 작은 실천들이 빅 커리어를 만드는 소중한 자산이 된다.

결핍은 나의 원동력이다

이랑주 비주얼 머천다이저

VMD(Visual MerchanDiser). 아마 처음 들어본 사람도 많을 것이다. 같은 상품이라도 시각적으로 어떻게 배치하느냐에 따라 매출이 달라진다. 상품이 더 많은 사람들의 눈길을 끌 수 있도록 매장의 상품들을 효과적으로 전시하고 매장 전체를 코디하는 역할을 하는 사람이 바로 VMD다.

생소하다면 생소한 이 분야에서 국내 최초로 박사 학위를 딴 사람이 있다. 한국VMD협동조합 이사장을 맡고 있는 이랑주 씨가 그 주인공이다.

2016년 혹독했던 여름 무더위가 끝나갈 무렵 이랑주 씨를 처음 만났다. 그날은 중앙대 글로벌 최고 경영자 외식 과정 수업이 있는 날이었다. 나를 포함한 마흔다섯 명의 CEO가 함께 수업을 들었는데, 처음이라 그런지 분위기가 어색했다.

수업이 시작되고 10분쯤 지났을 때 문을 열고 여성 한 분이 들어왔다. 마치 연예인 같은 포스가 풍기는 예사롭지 않은 분위기여서 많은 사람의 시선을 한 몸에 받았다. 어떤 사람인지 궁금했지만 첫날은 말 한마디 주고받지 못하고 데면데면했다.

제대로 이야기를 나누면서 친해진 것은 1박 2일 워크숍을 갔을 때다. 나는 그녀의 외모만 보고 막연하게 그녀가 유복한 가정에서 부족함 없이 자랐을 것이라 생각했다.

하지만 사실은 달랐다. 6남매의 막내였던 그녀는 아버지가 사업에 실패하면서 어린 시절부터 힘들게 살았다.

"아버지가 어부였는데 통조림 공장을 차리셨다가 집안이 쫄딱 망했어요. 그래서 중학생 때부터 학비를 전혀 못 받았죠. 언니 오빠 모두 장학금을 받거나 일을 하면서 학교를 다녔고요. 당시 마당에서 돼지를 길렀는데, 고등학교를 졸업할 때까지 돼지를 돌봐야 했어요. 새벽에 일어나서 돼지 밥을 먹여야 했고, 돼지 탯줄도 수없이 잘랐어요. 그렇게 키운 돼지를 팔아 학비를 마련했고요. 돼지가 우리를 탈출해서 안방으로 들어오기도 하고, 태풍에 떠내려가는 돼지를 건져 올린 적도 많아요."

고등학교를 졸업한 후에도 그녀의 삶은 순탄치 않았다. 그녀는 상업고등학교를 나와 지방의 전문대를 졸업했다. 현재 그녀의 나이는 40대 중반, 지금보다는 덜했다고 해도 그녀가 사회에 첫발을 내디뎠던 90년대 역시 학벌은 큰 경쟁력이었다. 지방의 전문대 출신을 반기는 회사는 별로 없었다.

하지만 그녀는 실망하지 않았다. 우선 이랜드에 계약직으로 들어간 다음, 정직원보다도 열심히 일했다. 누구보다 일찍 출근하고 늦게 퇴근했다. 누가 시키지 않아도 스스로 일을 찾았고, 하나라도 더 배우려고 노력했다. 그렇게 몸을 사리지 않고 일에 몰입한 덕분에 3개월이었던 계약 기간이 1년, 2년으로 점점 늘었고, 실력을 인정받아 현대백화점 압구정점에 정직원으로 입사할 수 있었다.

그녀는 그때부터 본격적으로 VMD로서 경력을 쌓기 시작했다. 백화점에서 일하는 것도 쉽지는 않았다. 직원들 대부분이 내로라하는 명문대를 나온 사람들이었다. 대놓고 무시하지는 않았지만 지방대 출신이라는 딱지가 붙은 그녀를 보는 시선은 그리 곱지 않았다.

"저의 존재를 입증할 방법은 오직 실력밖에 없다는 생각으로 열심히 일했죠. 당시 팀장님이 쇼윈도 디자인을 공평하게 선발하셨는데, 지금 생각하면 굉장히 감사해요. 디자이너 열 명이 무기명으로 시안을 제출하는 방식으로 선발했거든요. 6개월 정도 지난 후에 쟁쟁한 선배들을 제치고 제 디자인이 뽑혔어요. 열심히 하면 인정받을 수 있다는 것을 확인한 순간이었죠. 그 이후에 더 열심히 일했어요. 달리는 말처럼 쉬지 않고 미친 듯이 질주했어요."

그녀는 백화점에 입사한 후 10년 동안 앞만 보고 달렸다. VMD로서 실무 경험만 쌓은 것이 아니라 대학원에 진학해 석·박사 학위까지 취득했다. 사실상 균형 있는 삶은 불가능했다. 하루가 부족할 정도로 일에 몰입했고, 퇴근 후에도 좀 더 능력 있는 VMD가 되기 위한 공부를 계속했다.

그렇게 삶의 균형을 포기하고 모든 에너지를 일에 쏟은 결과 그녀는 백화점에서 자타가 공인하는 실력 있는 VMD로 입지를 굳힐 수 있었다. 하지만 어느 날 애써 이룬 모든 것을 뒤로하고 과감하게 백화점을 나와 자신의 이름을 내건 VMD연구소를 차렸다.

"지루한 게 싫었어요. 도전 의식 없이 똑같은 디자인을 기계적으로 찍어내는 듯한 내 모습에 싫증이 났어요. 그래서 백화점을 나왔어요."

그녀는 의업의 시기를 누구보다도 치열하게 보냈기에 굳이 백화점이 아니더라도 얼마든지 하고 싶은 일을 하며 능력을 보여줄 수 있는 상태였다. 독립한 후 그녀는 교보문고, LG전자, 하이마트 등의 대기업 컨설팅을 도맡았다.

교보문고 광화문점을 오래 다닌 분들은 분위기가 많이 달라졌음을 느꼈을 것이다. 책이 빽빽하게 꽂혀 있던 서가의 높이가 낮아지고, 간격도 넓어졌다. 앉아서 책을 읽을 수 있는 공간이 대폭 늘

어났고, 조명도 자연광으로 바뀌었다. 한마디로 예전의 교보문고를 사람들이 단지 책을 사는 장소로 인식했다면, 지금의 교보문고는 책을 사지 않더라도 들러보고 싶은 문화 공간이 된 것이다. 이렇게 교보문고 광화문점이 변신할 수 있었던 데는 이랑주 이사장의 힘이 컸다.

독립해서 굵직한 프로젝트들을 성공적으로 해낸 그녀는 어느 날 홀연히 남편과 함께 세계 여행을 떠나 1년간 40여 개국, 150여 곳의 전통 시장을 방문하고 돌아와서 소상공인을 위한 맞춤형 VMD로 변모해 현재는 한국VMD협동조합 이사장을 맡고 있다.

그녀는 요즘 전통 시장을 변모시키는 데 집중하고 있다. 왜 하필 시장이냐며 주위의 반대가 심했다. VMD 업계는 물론 공무원들조차도 회의적이었다. 처음에는 실수도 많았다. 예를 들면 백화점에서 사용했던 예쁜 소쿠리를 시장에 그대로 가져와 진열했는데, 물이 닿으니까 곰팡이가 생기면서 금방 썩었다. 시장은 백화점과 환경이 다르다는 사실을 제대로 인지하지 못한 결과였다. 모든 집기의 높이를 백화점의 기준으로 맞춘 바람에 가뜩이나 등이 굽은 할머니를 더 힘들게 한 적도 있다.

하지만 시장에 대한 이해가 넓어지면서 그녀의 능력은 유감없이 진가를 발휘하기 시작했다. 포항 시장의 한 조개 가게는 그녀의 제안에 따라 전국 최초로 '조개 수족관'을 설치한 후 매출이 수

십 배로 뛰었다. 조개는 해감이 어렵다. 그런데 조개가 사는 펄과 똑같은 염도의 물에 담가 놓으면 100퍼센트 해감이 된다. 이 점에 착안해 그녀는 계단식 조개 수족관을 만들었는데, 싱싱한 조개의 움직임이 생생하게 보이는데다가 펄이 없어 해감할 필요가 없는 조개를 살 수 있다는 소문이 나면서 매출이 급증했다.

이랑주 이사장은 그곳이 시장이든, 백화점이든 죽어가는 곳을 살려내는 '미다스의 손'으로 불린다. 어떻게 40대 중반의 나이에 자기 분야에서 최고가 될 수 있었는지를 묻자 그녀는 담담히 대답했다.

"결핍이 많았기 때문이 아닐까요? 부족했기 때문에 남들보다 더 간절하게, 더 열심히 일할 수 있었던 것 같아요. 다른 사람의 결핍도 중요해요. VMD 일을 할 때 상대방에게 무엇이 부족한가를 찾아내면 의외로 문제가 쉽게 풀린다는 것을 알았죠."

환하게 웃는 이랑주 이사장을 보면서 그녀는 이미 의업의 시기를 넘어 근업과 전업의 시기를 넘나들고 있다고 느꼈다. 그녀가 현재 하는 일의 대부분은 돈이 안 되는 일이다. 주로 어려운 상황에 놓인 소상공인들을 무상으로 도와주는 일을 한다.

"손이 절단된 조카를 데리고 과일 가게를 운영하는 분이 계셨어요. 상황이 너무 좋지 않아서 마트로부터 기증받은 집기로 가게를 꾸며 드렸는데 정말 좋아하셨어요. 장애인 아이들을 가르치는 특수교사 부부도 기억에 남아요. 아이들에게 바리스타 교육을 시켰는데도 취업이 안 되니 아예 카페를 차리셨죠. 그래서 동선을 바꿔주고 진열 노하우를 알려드렸는데 너무 고마워하셨어요. 그런 분들을 볼 때마다 이 일을 하기를 참 잘했다는 생각이 들어요."

그녀는 수십 년 동안 삶의 불균형을 선택한 대가로 얻은 빅 커리어를 아무런 대가도 바라지 않고 나누고 있었다. 그녀야말로 일이 지닌 의미와 가치를 제대로 누리면서 행복하게 사는 사람이라는 생각이 들었다.

진짜 중요한 것에만 집중한 사람들

목표는 당장의 성과가 아니다

김지련 스마트애드컨설팅 이사

"본부장님을 따라다니면서 배우고 싶어요."

독서 기본 과정에 참여했던 30대 중반의 여성이 어느 날 느닷없이 내게 말했다. 왜 그러냐고 했더니 지금의 나를 있게 한 7년간의 컨설팅 현장을 보고 싶어서라고 했다. 부담스럽기도 했지만 반짝이는 눈빛을 차마 외면할 수가 없어서 수락했다. 그 당돌한 여성이 바로 김지련 씨다.

김지련 씨를 처음 만난 것은 2015년 1월 3일 3P자기경영연구소에서였다. 독서 리더 과정을 마친 김지련 씨는 내가 다니는 곳이라면 어디든 따라다니기 시작했다. 많은 시간을 함께하다 보니 자연히 김지련 씨에 대해 많은 것을 알게 되었고, 알면 알수록 참 당차고 대단한 여성이라는 생각이 절로 들었다.

김지련 씨는 스스로 변할 수 있는 동력을 갖춘 사람이다. 그녀가 처음 자신의 삶에 질문을 던지고 변화를 결심한 것은 간호사 4년 차로 일하던 스물여섯 살 때였다. '10년 뒤 나는 어떤 모습으로 일하고 있을까'라는 질문을 하고 그 날 바로 이직을 결심했다. 당시 간호사 선배들의 모습은 자신이 바라는 10년 뒤의 모습이 아니었기 때문이다.

안정적인 간호사를 그만두고 그녀가 선택한 것은 병원 코디네이터였다. 가족과 주변 사람들은 극구 만류했다. 당시만 해도 병원 코디네이터가 무슨 일을 하는지도 모르는 시절인 데다 수입도 기존 월급보다 50만 원이나 적었기 때문이다. 그럼에도 그녀는 병원 코디네이터를 선택했다. 일자리를 알아보던 중 서울의 유명한 상담 코디네이터가 연봉 1억 원을 받는다는 정보를 접하고 결심을 굳혔다. 코디네이터로 '10년 뒤 연봉 1억'이라는 목표를 이룰 수 있을 것 같았기 때문이다.

원래도 열심히 살던 그녀였지만 그때부터 더욱 더 열심히 커리어를 쌓기 시작했다. 간호사여도 치과 코디네이터로 전업하려면 별도의 공부가 필요했다. 출퇴근에 소요되는 시간만도 왕복 세 시간이었다. 치위생사가 아니라는 이유로 당하는 서러움도 만만치 않았다.

하지만 그녀는 무서울 정도로 일에 몰입했다. 매일 6시 20분 버스를 타고 가장 먼저 출근해 다른 직원들을 맞이하며 인사하는 것으로 하루를 시작했다. 근무 시간에는 당연히 하나라도 더 배우려고 온 신경을 일에 집중했다. 그렇게 시작한 지 불과 1년 4개월 만에 코디네이터 실장으로 승진했고, 3~4년이 지나자 동기였던 간호사들보다 더 높은 연봉을 받게 됐다.

그럼에도 그녀는 만족하지 않았다. 치위생사가 아님에도 능력을 인정받아 코디네이터 실장이 되었지만, 당시 몸담고 있던 치과의 시스템으로는 연봉 1억 원이라는 목표를 이루기 어렵다는 것을 알게 되었다. 조직의 성장이 김지련 씨 개인의 성장 속도를 따라가지 못했던 것이다.

코디네이터로서 첫출발을 한 치과를 그만두고 두 번째로 입사한 병원은 대구 경북 지역에서 유명한 관절수술 병원이었다. 직원이 140여 명에 달하는 큰 조직이었다. 그러나 입사하자마자 위기가 찾아왔다. 함께 입사했던 동기 네 명 중 두 명이 한 달이 채 안 되어 그만두었다. 알고 보니 이전에 근무했던 선임 네 명도 입사한 지 한 달 만에 그만두었다고 한다. 본격적으로 일을 시작하기도 전에 사기가 떨어진 그녀는 두 달 만에 경영진을 찾아가 퇴사 의사를 전했다. 경영진은 "가치 있는 일은 시간이 오래 걸리는 법이다"라며 그녀에게 『잠들어 있는 성공시스템을 깨워라』(브라이언 트레이시, 황금부엉이, 2016)라는 책을 추천해주었다. 그녀는 그날 밤을 꼬박 새워가며 책을 읽고 가까스로 마음을 다잡을 수 있었다.

그렇지만 예전처럼 일에 몰입하지는 못했다. 평범한 하루하루를 보내던 어느 날, 그녀는 평생 잊지 못할 말을 듣는다. 사십 대 초반의 경영 팀장님의 "나는 만약에 내일 죽는다 해도 여한이 없다"라는 말이 그녀에게는 깊숙하게 다가온 것이다.

그녀는 스스로에게 물었다. '내가 내일 죽는다면?' 경영 팀장님처럼 대답할 자신이 없었다. 너무 억울할 것 같았다. 진심으로 하고 싶은 일을 하며 열정적으로 살았다고 하기에는 부족했다. 뒤통수를 한 대 맞은 듯한 느낌이었다. 이후 그녀는 '10년 뒤 연봉 1억'이라는 목표를 '36세에 연봉 1억, 그리고 당장 내일 죽어도 후회 없는 삶을 살자'로 구체화시켰다. 그때 그녀의 나이 서른이었다.

이후 그녀의 삶은 더 치열해졌다. 그녀가 맡은 일은 수술 상담이었다. 원장님이 경북 지역에서 유명했기 때문에 환자의 70퍼센트 이상이 소문을 듣고 찾아오는 분들이었다. 그런데도 상담 성공률은 60퍼센트가 채 되질 않았다. 그녀에게 상담을 맡긴 경영진은 당황했고, 그녀 또한 사람을 대하는 일에 웬만큼 자신이 있던 터라 어안이 벙벙했다. 상담 내용을 녹음해 여러 번 되풀이해 들어 보니 이유를 알 수 있었다.

"녹음기로 들려오는 제 목소리는 그저 상냥하고 예쁜 아나운서였어요. 평생에 한 번 하는 무릎 인공관절 수술인데, 환자가 친절하기만 한 아가씨의 설명을 듣고 결정하기는 어렵지요. 잘못되면 몇 년씩 걷기도 힘들고, 돈도 5~600만 원이나 드는 수술 동의서에 쉽게 사인할 수는 없지 않겠어요?"

그녀는 상담과 설명은 다르다는 것을 깨달았다. 그때부터 상담 전문성을 높이기 위해 일요일마다 원장님의 책을 빌려 읽기 시작했다. 원장님의 책으로 공부한 이유는 원장님이 공부한 흔적을 봐야 원장님이 중요하게 생각하는 부분이 무엇이고, 그녀가 반드시 알아야 하는 부분이 무엇인지를 알 수 있었기 때문이다.

상담이 없는 시간에는 진료실에 들어가서 원장님이 환자에게 설명하는 내용을 메모했다가 상담할 때 인용했다. 전문 용어를 환자에게 어떻게 쉽게 설명하는지 기록했다가 환자가 궁금해할 때 원장님이 사용하는 어휘를 그녀도 사용하여 쉽게 설명했다.

환자는 대부분 50~60대였다. 이를 감안하면 때로는 친근한 아는 사람처럼 공감대를 형성할 필요가 있고, 다른 한편으로는 전문적으로 보일 필요도 있었다. 그녀는 그에 맞춰 말투를 바꾸는 연습을 반복했다. 부모님을 다른 지역의 유명한 병원에 환자로 접수시키고 보호자 신분으로 상담을 받아보기도 했다.

바쁜 나날이었다. 9시가 정해진 출근 시간이었지만 7시 30분에 출근해서 수술 환자 스케줄을 체크했다. 오후 6시에 공식적인 업무가 종료된 다음에는 상담 일지를 작성하고, 다음 수술 일정을 확인했다. 그러다 보면 저녁 9시가 훌쩍 넘어서 퇴근하는 날이 많았다. 그렇게 미친 듯이 일에 몰입한 지 3개월 후부터 상담 성공률이 높아지기 시작했고 6개월 후에는 충성 고객의 지표가 되는 소개 환자 비율이 눈에 띄게 높아졌다. 상담했던 환자분 중에 지인을 열 한 명이나 소개해준 분도 있었다. 그분과는 병원을 퇴사한 지 4년이 넘은 지금도 꾸준히 연락하는 사이가 됐다.

그렇게 혼자 시작했던 상담 업무는 본원과 분원을 합쳐 열 명의 상담팀으로 규모가 확장되었고, 그녀는 상담 실장으로서 경영진 회의, 간부 회의 등에 참석하며 상담 업무뿐 아니라 경영을 배울 수 있는 기회도 접하게 됐다.

두 번째 도전도 성과를 나타낼 즈음 김지련 씨는 또 다른 도전을 결심한다. 유능한 경영자가 직원들의 삶에 미치는 영향력이 얼마나 큰지를 경험하면서 직원과 조직이 함께 성장하는 기업의 CEO가 되고 싶다는 꿈을 꾸기 시작한 것이다.

잠시의 휴식을 갖고 구직을 하던 중, 새로 개원하는 치과의 남자 상담 팀장을 뽑는 공고에 이력서를 냈다. 여자임에도 운 좋게 면접을 보게 되었고, 상담 경력을 인정받아 채용되었다. 그런데 석 달간 개원을 준비하면서 상담 실장이 아닌 경영 실장으로 직무가 바뀌었다. 관절병원에서 근무하며 어깨너머로 경영을 배우긴 했지만 아예 권한을 위임받아 일하는 건 쉽지 않았다. 하지만 그녀는 할 수 있는 일이기 때문에 하는 것이 아니라, 해야 하는 일이기에 반드시 해내겠다고 다짐했다.

모르는 업무를 맡아서 하려니 힘들었지만 바꿔 생각하면 커리어를 확대할 수 있는 좋은 기회였다. 3백 평 규모의 인테리어부터 시작해서 업체 계약, 협력 병원 관계자 모임, 업체 발굴, 대내외 홍보, 온 · 오프라인 마케팅, 인사 관리 등 난생처음 해보는 업무들을 진행했다. 거의 병원에서 살다시피 하며 일에만 매달렸는데도 개원 첫 달 매출은 겨우 급여 지급이 가능한 정도였다. 믿고 맡겨주신 원장님께 매출을 보고하기도 민망한 숫자였다. 그러나 원장님은 이렇게 말했다.

"모든 책임은 내가 감당할 테니 김 실장 마음껏 해보세요."

경영자의 믿음과 지원은 중간 관리자들에게 큰 동기부여가 된다. 그녀 역시 다행히 6개월 뒤엔 목표 매출을 달성했다. 6개월, 1년, 1년 6개월 단위로 단기, 중기 매출 목표를 세웠고 치과의 비전과 원장의 경영 철학을 공유하기 위해 정기적으로 직원들을 교육하고 면담을 진행했다. 그 과정에서 직원의 절반이 퇴사하는 일이 벌어지기도 하고 원장님과의 갈등을 겪기도 했다. 하지만 조직의 분명한 비전과 공동의 목표를 바탕으로 뚝심 있게 일을 진행했고, 결국 모두 웃을 수 있는 성과를 이루어냈다.

그녀는 태생적으로 안주하는 것을 모르는 사람 같기도 하다. 서른네 살, 연봉 5천만 원의 총괄 실장 자리를 그만두고 그녀는 프리랜서로 독립했다. 시작은 순조로웠다. 총괄 실장을 하면서 인연을 맺은 협력업체 사장님들이 소개해준 덕분에 독립과 동시에 병원 세 곳의 교육 컨설팅을 시작했다. 하지만 6개월 과정의 컨설팅 계약이 2개월 만에 종료되기도 하고 소개시켜준 사장님에게 불만이 빗발치기도 했다. 수입은 이전 월급의 삼분의 일 수준으로 낮아지고 처음으로 채용한 팀원을 월급 문제로 석 달 만에 퇴사시키기도 했다.

"꿈은 분명했지만 준비가 너무 부족해서 실패한 거죠. 다시 병원에 실장으로 취직해야 하나 고민하던 중 박 본부장님을 만난 거예요."

나를 만나면서 그녀는 취업 대신 컨설팅 사업을 계속하고 있다. 자기 사업을 하는 것도 벅찬데 광주, 부산, 서울, 보성, 강진, 제주 등 내가 가는 곳은 대부분 함께한다. 1년 동안 KTX를 타고 서울과 대구를 왕복하느라 쓴 비용만 천만 원이 넘는다.

"돈은 별로 아깝지 않아요. 덕분에 얻은 성과가 더 많아요. 6개월 계약으로 진행했던 컨설팅이 2년으로 연장되고, 1년간 컨설팅한 치과의 매출이 두 배로 뛰기도 했어요."

그녀의 목표는 당장의 성과가 아니라 빅 커리어를 완성하는 것이다. 10년, 20년 시간이 지날수록 더 빛나는 빅 커리어를 만들기를 꿈꾸기에 매일 전쟁 같은 삶을 살면서도 언제나 활력이 넘친다. 이제 겨우 서른여섯의 그녀는 이미 많이 앞서 간 느낌이다. 이대로 좀 더 달리면 마흔이 넘었을 때 이미 의업의 시기를 끝내고 빅 커리어를 완성할 수 있을 것으로 보인다.

강점의 극대화가 경쟁력이다

전지현 GS25 금곡점 점주

세상에는 독한 사람이 많다. 한번 일을 시작하면 무섭게 몰입해 결국 눈부신 성과를 내고야 마는 이들이 한둘이 아니다. 전지현 경영주도 그중 하나다.

첫인상부터 강렬했다. 짧은 커트머리에 큰 키, 사람을 꿰뚫어보는 듯한 눈빛에서 만만치 않은 내공이 느껴졌다. 아니나 다를까, 그녀는 열아홉부터 오십이 넘은 지금까지 쉬지 않고 달려왔다. 오늘날 일 매출 3백만 원을 찍는 최고의 편의점 경영주가 될 수 있었던 것은 결코 우연이 아니었다.

열아홉부터 지금까지 그녀는 하루에 세 시간 이상 자본 날이 손에 꼽는다. 열아홉 살이면 독립하기에는 이른 나이다. 그녀가 일찌감치 직업 전선에 뛰어든 이유는 넉넉지 않은 집안의 장녀로 태어

났다는 이유도 있지만, 외할아버지의 영향이 컸다. 그녀는 외조부모 손에 자랐다. 외할머니는 정성으로 그녀를 키웠지만 외할아버지는 늘 '여자가'라는 말을 입에 달고 사셨다. 마치 여자를 남자의 부속물처럼 생각하는 외할아버지를 보며 여자도 돈을 많이 벌고 성공할 수 있다는 것을 보여주고 싶었다.

그녀가 처음 시작한 일은 여행 가이드였다. 고등학교 수학여행이 계기가 되었다. 그전까지만 해도 그녀는 고향인 강원도 화천에서 벗어난 적이 별로 없었다. 춘천에 한두 번 가본 것이 전부였다. 수학여행은 그녀에게 세상이 넓다는 것을 일깨워주었고, 그로 인해 자연스럽게 여행 가이드라는 직업에 관심을 갖게 됐다. 전국을 여행하면서 돈도 벌 수 있는 직업이라고 생각해서 고등학교를 졸업하자마자 달랑 23만 원을 들고 서울로 향했다.

당시에는 '교통 학원'이 있었다. 두 달의 교육 과정이 끝나면 고속버스 회사의 안내양으로 일하거나 여행업체의 가이드로 취직할 수 있도록 알선도 해주는 학원이었다. 부모님께 받은 23만 원으로 교통 학원을 수료한 후 바로 여행사에 취직했다.

그때부터 하루 세 시간씩 자면서 일했다. 여행사는 봄부터 가을까지 쉴 틈이 없었다. 황금 같은 시즌이다. 그녀는 하루도 쉬지 못하고 전국을 돌며 가이드를 했다. 여름과 겨울은 비교적 비수기지만 해수욕장에 피서객들을 데려다주거나 63빌딩을 안내하느라

바빴다.

그렇게 5년을 일했다. 애초에 직장 생활은 창업을 할 수 있을 정도의 돈이 모일 때까지만 할 생각이었다. 사람들이 여행 가이드를 은근히 폄하하는 것도 그만둔 이유 중 하나였다. 전문성이 필요한 좋은 직업이라 생각했는데, 보조 인력 정도로 취급당하는 것이 싫었기 때문이다.

그녀가 처음 사회생활을 시작한 1980년대 초만 해도 여성의 사회 진출이 활발하지 않은 시절이었다. 그럼에도 그녀가 일에 대한 확실한 비전과 목표를 갖고 몰두한 데는 『의식있는 여성이 행복을 만든다』(조동춘, 비전코리아, 2006)의 저자인 조동춘 박사의 한 마디가 크게 작용했다. 가이드로 일할 때 그녀는 아주 우연히 조동춘 박사의 강연 테이프를 들었다고 한다.

'여자도 이제 준비해야 한다. 집에만 있지 말고 꽃꽂이, 요리 등 무엇이든 배워라. 10년 동안 배우면 누구든 박사가 될 수 있다.'

대략 이런 내용이었다. 외할아버지에 대한 반발심으로 여자도 돈을 많이 벌고 성공할 수 있다는 것을 보여주고 싶었던 그녀에게 이 말은 확신이자 무한한 격려였다. 이후 그녀의 인생은 달라졌다. 막연했던 목표가 분명해지고, 자신이 추구하는 삶이 맞다는 확신이 들면서 완전히 일 속에 빠져들었다.

여행 가이드를 그만둔 다음에는 옷 가게를 차렸다. 그녀가 최초로 한 창업이었다. 여행 가이드를 하며 모은 돈과 부모님이 대출받아서 준 돈으로 10평짜리 매장을 구했다. 당시 교복 자율화와 함께 다양한 의류 브랜드가 확산되던 때라 캐주얼웨어 브랜드 매장을 하면 승산이 있다고 판단했다.

그러나 그녀는 친근하게 말하는 데 서툴렀다. 서비스 업종은 친절이 중요하지만 그녀의 철학 중 하나는 '강점에 집중하자'였다. 자신에게 없는 것을 억지로 만들려고 하지 말고, 잘할 수 있는 것을 극대화시켜 경쟁력을 갖추자는 것이 지금까지도 변함없는 그녀의 전략이다.

"내가 잘할 수 있는 게 몇 개 안 되더라고요. 시간 약속 잘 지키고, 정직하고, 잠 줄이는 것 정도? 건강도 강점이죠."

그래서 그녀는 고객들에게 말을 걸고, 옷에 대해 설명하며 구매를 유도하는 대신 편하게 옷을 볼 수 있도록, 마음껏 입어볼 수 있도록 배려했다. 또한 고객이 원하는 것은 무조건 다 들어주고, 고객과의 약속은 어떤 일이 있어도 지켰다. 청바지를 열두 번이나 바꾸러 온 고객에게도 싫은 내색 한 번 하지 않고 바꿔주었다.

무엇보다 나를 놀라게 한 것은 그녀의 집중력이다. 그녀는 10평의 매장 중 1~2평을 잠잘 공간으로 만들고, 그곳에서 먹고 자며 일했다. 아침 7시에 가게 문을 열어 밤 12시에 닫았고 연중무휴였다. 굳이 아침 7시에 문을 열어야 했느냐는 물음에 그녀는 "아침에 학생들이 급하게 나오다 보면 양말이나 스타킹을 준비하지 못하는 수도 있잖아요. 그런 수요를 겨냥했지요"라고 답했다. 그렇게 치열하게 일한 덕에 그녀는 1년 만에 20평짜리 매장으로 확장 이전을 할 수 있었다.

그녀도 놀랍지만 그녀의 남편 역시 대단한 사람이다. 그녀는 옷 가게를 운영할 때 결혼을 했는데, 결혼 전에 남편에게 결혼 후 지켜야 할 세 가지 조건을 제시했다고 한다. '나는 계속 장사할 것이니 방해하지 마라', '아이는 하나만 낳는다', '혼인신고는 살아본 후 하겠다'는 것이었다. 남편은 흔쾌히 수락했고 그녀의 적극적인 조력자이자 후원자가 됐다.

결혼을 하고 그들은 한동안 주말부부로 살았다. 남편의 직장이 서울이었기 때문이다. 그녀는 옷 가게 다음으로 생활 용품 매장을 운영할 때도 매장 한편에 잠자리를 마련하고 임신 9개월 때까지 그곳에서 지냈다.

"남들은 뭘 그렇게까지 하냐고 했지만 저는 일이 너무 재미있었어요."

그녀에겐 임신 9개월 차부터 출산 후 6개월 동안이 일을 하지 않았던 유일한 공백기이다. 아이가 맡길 수 있을 정도로 자라자마자 그녀는 다시 일을 시작했다. 세 번째 창업 종목은 호프집이었다. 현재 운영하는 편의점이 위치한 남양주시 금곡역 부근에 차렸는데, 이 시절에 정말 고생이 많았다고 한다.

개업 후 2년간은 그야말로 파리만 날렸다. 어느 날은 손님이 너무 없어서 주방장이 오징어 하나 굽고 퇴근한 적도 있었다.

"꽤 오랫동안 남편 월급으로 임대료 내고, 현금 서비스를 받아 직원들 월급을 줬어요. 그래도 남편은 한 번도 그만두라는 소리를 안 했어요. 오히려 퇴근하고 곧장 호프집으로 달려와서 12시까지 도와줬어요."

나중에 남편에게 왜 그때 그만두라고 하지 않았냐고 물었더니 남편은 '약속을 지켰을 뿐'이라고 답했다. 남편의 이런 신뢰와 응원 덕에 그녀는 다시 힘을 낼 수 있었다.

어느 날 호프집 근처에 예식장 건물이 들어섰다. 그녀는 피로연 예약을 받기 위해 가게 테이블 위에서 잠을 잤다. 그때만 해도 핸드폰이 없던 시절이었기 때문이다. 서울의 유명한 호프집을 벤치마킹하기도 하면서 고객을 확보할 방법을 고민하고 실행했다. 매출은 서서히 정상 궤도에 올렸다.

창업을 세 번이나 했으면 이골이 날 만도 한데, 그녀는 또다시 편의점을 차렸다. 사실 편의점은 조금 편할 줄 알고 시작했다고 한다. 호프집을 운영하는 8년 동안 몸에 무리가 왔다. 일도 좋지만 건강을 잃으면 더 이상 하고 싶은 일을 못 하겠다는 생각에 편하게 일하고자 편의점을 차렸다.

그러나 큰 오산이었다. 편의점 운영은 절대 편한 일이 아니었다. 사실상 창업 이래 최대의 위기라고 해도 좋을 정도였다. 장기적으로 봤을 때 매장을 임대하는 것보다 아예 구입하는 것이 나을 거라 생각하고 분양을 받았다. 하지만 예상보다 장사는 안 됐고, 직원 월급을 주고 은행 대출 이자를 갚기도 버거웠다. 처음으로 '이러다 망하는 것 아닌가'라는 생각도 들었다. 때마침 뉴질랜드에서 사업을 하는 지인의 제안을 받고 진지하게 이민을 고민하기도 했다.

하지만 그녀는 위기에 강했다. 포기하는 대신 더 열심히 일하는 쪽으로 방향을 잡았다. 남편에게 시간을 달라고 부탁했다. 2년 동안 어떻게든 승부를 볼 것이니 아들을 데리고 뉴질랜드에 가달라고 부탁했다. 속사정을 모르는 사람들은 돈이 많으니 아들을 조기 유학 보낸 것 아니냐고 물었지만, 그녀 입장에서는 생존을 위한 어쩔 수 없는 선택이었다. 이대로 가다간 일도, 가정도 다 엉망이 될 것 같았기 때문이었다. 그렇게 남편과 아이는 뉴질랜드로 갔다. 그녀는 편의점에서 하루 세 시간씩 쪽잠을 자면서 일하며 세 가지 목표를 세웠다.

첫째, 일 매출 3백만 원 달성(당시 일 매출 60~70만 원)

둘째, 3년 안에 전국에서 가장 서비스가 좋은 매장 만들기

셋째, 5년 안에 GS리테일 대표가 직접 밥 사게 만들기

이 목표들은 이미 현실이 된 지 오래다. 그녀는 현재 명실공히 편의점 업계의 여왕으로 꼽힌다. 그녀는 아내의 빈자리를 탓하기보다 아이와 가정을 돌보고, 때로는 조언을 하며 그녀를 뒷받침해 준 남편에게 모든 공을 돌린다.

그렇게 지독하게 커리어를 쌓은 덕분에 지금 그녀는 이미 의업의 시기를 지나 근업의 시기에 진입한 상태다. 일에 미쳐 커리어를 쌓는 동안 터득한 노하우를 다른 사람들과 함께 나누는 데도 관심이 많다. 조만간 근업을 넘어 전업의 시대를 맞아 빅 커리어를 마음껏 발휘할 것으로 기대된다.

BIG CAREER

3장

어떻게 업을 실행할 것인가

: 당신이 지금 서 있는 곳에서

다른 사람으로 살아보기

얼마 전 우연한 기회에 테니스광인 지인을 통해 라파엘 나달이라는 사람을 알게 되었다. 아마 테니스를 좋아하는 사람들에게는 아주 익숙한 사람일 것이다. 오랫동안 남자 테니스 세계 최강자로 군림했고, 최근 몇 년 동안 슬럼프에 빠졌으나 2017년 US오픈 테니스대회에서 화려하게 부활한 주인공이다.

"난 나달은 이제 끝났다고 생각했어. 그런데 이렇게 보란 듯이 우승을 할 줄이야……"

나달을 좋아했던 지인은 감격해하면서도 연신 믿기지 않는다는 표정을 지었다. 테니스도, 나달도 몰랐던 나지만 지인의 이야기를 들으면서 금방 나달이라는 인물에게 빠져들었다.

그는 타고난 강철 체력을 바탕으로 치밀한 수비를 펼치며 경기를 하는 선수였다고 한다. 먼저 공격하기보다는 상대의 공격을 철저하게 수비하며 실수를 유도하는 스타일이었다. 그런데 경기 도중 여러 차례 부상을 당하고, 나이가 들면서 체력이 약해지자 수비력에 구멍이 뚫리기 시작했고, 그 결과 2014년부터 약 2년 동안 혹독한 슬럼프를 겪어야 했다.

그랬던 그가 2017년 US오픈 테니스대회에서 우승을 할 수 있었던 것은 경기 방식을 수비에서 공격으로 바꾸었기 때문이다. 익숙한 경기 방식을 바꾸는 것은 결코 쉬운 일이 아니다. 하지만 나달은 끈질긴 노력으로 경기 방식에 변화를 주었고, 원하는 결과를 얻을 수 있었다.

일을 할 때도 변화는 중요하다. 열심히 일하는데도 성과가 나지 않는다면 더 말할 것도 없고, 설령 기존의 방식이 나름 성과를 내고 있을 때도 마찬가지다. 나달이 그랬듯이 지금은 충분히 성과를 내더라도 같은 방식으로 계속 더 나은 성과를 내기는 사실상 불가능하기 때문이다.

하지만 변화를 거창하게 생각하고 부담스러워 할 필요는 없다. 일단 일상에서 작은 변화를 주는 것이 중요하다. 일상의 작은 변화는 어떤 형태로든 일의 변화를 불러오고, 결국 성과로 이어지기 때문이다.

나는 아무리 바빠도 일주일 중 하루는 평소와 다른 방식으로 살려고 노력한다. 아예 일상을 떠나 완전히 다른 환경을 경험할 수 있으면 더할 나위 없겠지만 현실적으로 완전한 일탈이 가능한 사람은 드물다.

하지만 괜찮다. 큰 일탈 없이 일상을 바꿀 수 있는 방법도 많다. 매일 지하철을 타고 출근했다면 일주일 중 하루쯤은 버스를 타고 출근하는 것도 하나의 방법이다. 매일 점심을 한식으로 먹었다면 한 번은 낯선 음식에 도전해보는 것도 좋다. 주말에 시간을 내어 영화나 연극을 보면서 감성을 충전하는 것도 추천한다.

업무에 적용해보자면 상사가 자료를 보내라고 했을 때 평소처럼 메일로만 보내지 말고, 메일로도 보내고 A4 용지에 출력해서 직접 제출도 해보자. 퇴근 후 보통 친구들과 술을 마셨다면 오늘은 서점에 들러 책을 한 권 읽어보는 것도 방법이다.

조금만 고민하면 시간과 돈을 많이 투자하지 않고도 일상에 변화를 줄 수 있는 방법은 얼마든지 있다. 내가 일주일에 한 번쯤은 다른 방식으로 살려고 노력하는 이유는 결국 변화를 통해 더 크게 성장하고 지금보다 더 많은 성과를 내기 위해서다.

다이어트를 위해 운동을 해본 사람들은 알 것이다. 운동을 전혀 하지 않던 사람이 처음 운동을 시작하면 살이 빠르게 빠진다. 하지만 한 달쯤 지나면 빠지는 속도가 더뎌진다. 하던 대로 꾸준히 운동을 했으나 어찌 된 일인지 변화가 없다. 오히려 운동을 조금만 게을리하면 금세 체중이 늘어나기까지 한다.

왜 이런 현상이 나타날까. 열심히 운동해도 어느 순간부터 체중이 그대로라면 속이 상하겠지만 이는 당연한 결과다. 인풋이 같으면 아웃풋도 같은 법이다. 처음 운동할 때는 예전보다 활동량이 많아졌으니 살이 빠진다. 그렇지만 어느 정도 시간이 지나면 몸이 운동에 익숙해져 같은 양의 운동에는 반응하지 않는다. 정체된 상태를 벗어나려면 변화를 줘야 한다. 운동 횟수를 늘리던지, 시간을 늘리든지 해야 체중을 더 줄일 수 있다. 일도 마찬가지다. 열심히 일을 하는데도 성과가 나지 않는다면 인풋에 변화를 주어야 한다. 습관대로, 하던 대로 열심히 하는 것만으로는 성과가 나지 않는다.

늘 적자에 시달리는 음식점이 있다. 음식점 사장님은 둘째가라면 서러울 정도로 성실한 분이다. 매일 새벽 다섯 시에 노량진 수산시장에 가서 구매한 싱싱한 해물을 직접 손질한다. 요리할 때도 온 정성을 다해 가장 맛있는 상태의 음식을 손님에게 내놓는다. 그런데도 반응이 영 신통치 않다. 그래도 사장님은 시간이 지나면 손님들이 자신의 정성과 노력을 알아줄 것이라 믿고 운영 방식을 고수하고 있다.

과연 사장님의 바람대로 시간이 지난다고 손님들이 음식점을 많이 찾아줄까. 아마 시간이 지나도 똑같을 가능성이 크다. 인풋에 변화가 없는데 아웃풋이 달라지기를 바라는 것은 욕심이다. 메뉴나 요리 방법, 응대 방식에 변화를 주어야 결과도 달라질 수 있다.

그러나 사람은 쉽게 변하지 않는다. 성과가 나지 않아도 선뜻 변화를 주려고 하지 않는다. 익숙하고 편한 방식에 젖어 새로운 시도를 할 엄두를 내지 못한다. 그렇기에 일주일에 하루는 다르게 살기가 필요하다. 변화에 대한 내성을 길러주는 데 목적이 있다. 아주 작은 시도라도 일상에 변화를 주다 보면 좀 더 수월하게 익숙함의 굴레에서 벗어나 새로운 시도를 할 수 있기 때문이다. 나와 함께 했던 연구원들이 시도한 것을 소개하면 다음과 같다.

1. 사무실 책상 정리정돈
2. 사랑하는 지인에게 SNS 대신 손 편지 쓰기
3. 만보기 차고 출근하기
4. 동료들의 말에 온전히 귀 기울이기
5. 갑작스레 커피 쏘기

대부분 애쓰지 않아도 쉽게 할 수 있는 것들이다. 당장 대단한 결과로 이어지지는 않지만 연구원들은 하나같이 이 작은 시도만으로도 뭔가 새로운 느낌을 받는다는 피드백을 줬다. 실제로 꾸준히 일주일에 하루씩 다른 방식으로 살기를 실행하면 실행력에 좋은 영향을 주고 의식 수준도 높아진다.

일을 하다 보면 어떤 문제에 봉착하여 더 이상 일이 진행되지 않거나 무산될 위기에 처하기도 한다. 뾰족한 솔루션이 나오지 않는다면 환경을 바꿔보는 것이 좋다. 익숙해진 공간에서는 새로운 생각이 떠오르지 않기 때문이다.

지인 중 한 사람은 고민이 풀리지 않을 때마다 무작정 걷는다고 한다. 가보지 않았던 길을 걷고, 낯선 풍경에 시선을 두고 정신없이 걷다 보면 어느 순간 새로운 아이디어가 떠오른다고 한다. 시간이 없어 만나지 못했던 친구와 수다를 떠는 사람도 있다. 나와 전혀 다른 분야에서 일을 하는 사람과 만나는 것도 도움이 된다. 이야기를 나누는 동안은 일 생각을 전혀 안 했는데도 불현듯 해결책이 떠오를 때가 있다고 한다.

실제로 생각에 관여하는 뇌의 전두엽 부분은 낯선 환경에서 새로운 자극을 받을 때 활성화된다. 일주일에 하루라도 다른 방식으로 살라고 권하는 것도 이런 이유 때문이다. 매일 똑같은 환경에서 똑같은 방식으로 살면 전두엽은 아무런 자극을 받지 못한다. 성과를 위해 새로운 아이디어를 내고, 문제를 해결할 수 있는 방법을 찾고 싶어도 전두엽이 활성화되지 않으니 생각이 확장되지 못하고 제자리에서 맴돌게 된다.

성과를 내는 데 도움이 될 좋은 습관을 만드는 것도 중요하지만 일상적인 습관을 통해 얻는 성과 이상의 것을 얻고 싶다면 변화가 필요하다. 일상에 변화를 줌으로써 생각을 확장시켜야 더 많은 아이디어가 나오며, 생각의 걸림돌을 제거할 수 있다. 개인적으로 가장 추천하는 방법은 '다른 사람이 되어 살아보기'다.

예를 들면 나는 행사 사회를 잘 못 본다. 강의하는 사람이 어떻게 사회를 못 볼 수가 있냐고 물을 수 있지만 강의하는 것과 사회를 보는 것은 확연히 다르다. 그래서 나는 가능한 한 사회를 보지 않으려고 하는데, 불가피하게 사회자의 자리에 서야할 때가 있다. 그럴 때면 나는 자신에게 주문을 건다.

"나는 김제동이다. 나는 김제동이다."

지금 이 순간만큼은 진짜로 내가 김제동이라고 세뇌시키는 것이다. 나는 김제동이니까 당연히 사회를 잘 본다고 최대한 확신한다. 신기하게도 확실히 효과가 있다. 한결 덜 부담스럽고 심지어는 재미를 느낄 때도 있다.

이렇게 잠시 다른 사람이 되어보는 것을 '역할놀이'라고 부른다. 상사든, 동료든, 유명인이든 그저 닮고 싶은 사람이 있을 때 혹은 이해하고 싶은 사람이 있을 때 시도해보자. 신기한 경험이 될 것이다. 원래의 나라면 절대 하지 않을 말이나 행동을 하면서, 절대 바뀌지 않을 것 같던 자신이 조금은 변할 수도 있겠다는 느낌이 든다. 또한 상대의 관점에서 나를 바라보면 나와 상대에 대한 이해의 폭이 넓어진다. 전에는 절대로 이해할 수 없었던 반응이나 행동도 직접 그 사람이 되어 보면 수긍이 가는 경우가 있다. 좀 더 나은 내가 되고 싶다면 일주일에 한 번 다른 사람으로 살아보자.

또 다른 방법으로는 아예 다른 세상에 살고 있는 사람, 최고의 위치에 오른 사람을 경험해보는 것이 있다. 사람은 대부분 자기와 비슷한 사람들과 어울린다. 비슷한 생각을 하는 사람, 생활 습관이나 문화가 비슷한 사람과 만나면 편안하기 때문이다. 하지만 비슷한 사람들끼리만 있으면 내 의식 수준을 파악하기 어렵다. 반면에 같은 업계의 최고 수준에 있는 사람을 만나보면 내 수준이 적나라하게 드러난다. 그들이 어떻게 일류가 되었는지를 알면 나에게 부족한 게 무엇인지, 어떤 방향으로 가야 할지가 보인다. 내 경우에는 구본형 선생님과 강규형 대표님이 결정적인 멘토 역할을 했다.

두 분을 만나면서 내 인생은 중요한 터닝포인트를 맞이했다. 그들은 내가 경험해보지 못한 새로운 세상으로 나를 인도했다. 새로운 생각, 새로운 방식이 넘치는 세계였다. 그렇다고 내가 곧바로 그들처럼 될 수 있는 것은 아니다. 그저 의식과 행동의 차이를 느낀 것만으로도 충분하다. 두 분과의 만남을 통해 내 수준을 인식할 수 있었고, 무엇을 목표로 해야 하는지도 알 수 있었다. 처음에는 그들의 역량이 너무나 거대해 보였고, 아무리 노력해도 실력 차를 좁히지 못할 것 같았다. 그럼에도 어떻게 하면 최대한 차이를 좁힐 수 있을지 고민했고, 내 나름의 방식대로 실행했다.

물론 그들도 누군지도 모르는 사람을 그냥 만나주지는 않는다. 나도 처음엔 그저 맨땅에 헤딩이었다. 일단 들이대는 것이 핵심이다. 나를 만나줄지 찾아가면 귀찮아할지 고민하면서 망설이지 말고, 그들도 처음에는 나처럼 평범한 사람이었음을 떠올리며 용기를 내어 찾아가자. 물론 사전 준비는 필요하다. 나는 그들의 책과 칼럼을 독파하고 찾아갔다. 물어보니 그들에게도 스승이 있었다. 일류의 스승 밑에서 배우면서 두 분도 일류로 성장할 수 있었던 것이다. 두 분을 만난 것은 내 인생의 큰 행운이다. 그들의 생각과 삶의 방식을 보고 배우면서 많이 성장할 수 있었다.

가까이 있는 사람은 서로 닮는다. 그렇기 때문에 누구와 가까이 지내는지는 무척 중요하다. 마음이 통하고 나와 비슷한 사람과 어울리는 것도 좋지만 변화를 통해 성장하고 싶다면 나보다 나은 사람, 닮고 싶은 사람도 가까이 해야 한다. 그래야 나와 다른 생각과 행동을 경험할 수 있고 변화하고 성장할 수 있다.

역할놀이를 할 때는 꼭 유명한 사람을 따라 할 필요는 없다. 감명받은 책의 저자여도 좋고, 주변의 가까운 사람 중 닮고 싶은 사람이 되어 봐도 좋다. 역할놀이는 단순한 모방이 아니다. 그 사람을 진심으로 이해하려는 마음이 동반되어야만 정말 그 사람처럼 생각하고 행동할 수 있고 효과가 배가 된다.

나는 역할놀이를 시작하기 전에 철저하게 그 사람을 이해하기 위해 준비한다. 책, 인터넷, 기사 등 동원할 수 있는 모든 매체를 총동원해 공부한다. 그 과정에서 그 사람의 의식 수준이 언제부터 도약하기 시작하는지 가늠해본다.

의식이 도약한 계기도 중요하다. 어떤 인물을 만난 것이 계기가 되었는지, 어떤 사건을 겪었기 때문인지 등을 살핀다. 그렇게 많은 이들의 의식 변화 과정을 살펴보면서 하나 깨달은 게 있는데, 의식 수준이 어느 지점에 도달하기 전까지는 일정한 패턴으로 오르락내리락하는 박스권을 형성하다가 순간 뱀이 머리를 쳐드는 것처럼 튀어 오른다는 점이다. 그리고 이 과정을 반복한다.

의식의 도약 과정

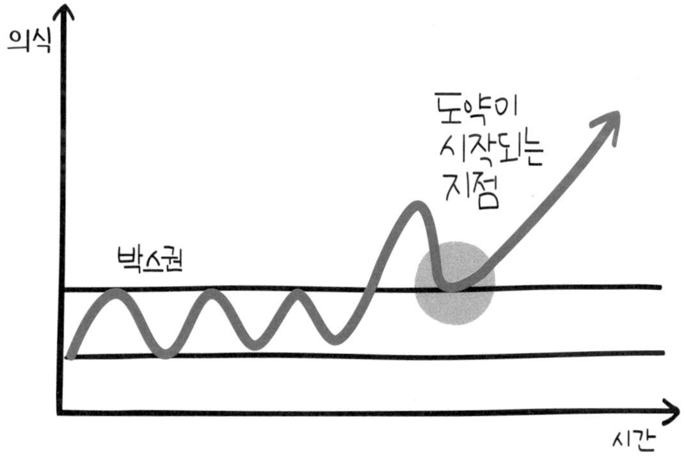

3P자기경영연구소로 이직한 후 내가 처음 했던 일은 교육 영업이었다. 강의를 할 능력과 여건이 되지 않으니 영업부터 시작하는 것은 자연스러웠다. 하지만 영업이라고 어디 쉽겠는가. 어떻게 해야 할지 몰라 많이 방황했고 어디서나 거절당하기 일쑤였다. 입사 후 6개월 동안의 성과는 아주 형편없었다.

그렇다고 포기할 수는 없었다. 그 시절 나는 정주영 회장에게 푹 빠져 있었는데, 만약 정주영 회장이라면 이 상황에서 어떻게 했을까를 상상하며 내 생에 첫 역할놀이를 시작했다.

하지만 속으로 아무리 '나는 정주영이다'를 외쳐도 어제와 다를 바가 없었다. 여전히 굳게 닫힌 고객의 마음을 열기는 쉽지 않았다. 당시 내가 제일 무서워하는 말은 '어떻게 오셨어요?'였다. 가까스로 용기를 내어 문을 두드렸는데, 어떻게 왔냐는 말을 들으면 바로 입이 닫히고 몸이 뻣뻣해졌다. 그날도 똑같은 현상이 반복되었는데, 어느 순간 머릿속에 정주영 회장님의 목소리가 울렸다.

"해보기나 했어?"

나는 마음을 고쳐먹었다. 죽이 되든 밥이 되든 일단 해보자. 다짜고짜 팔려고 들면 고객이 거부감을 느끼기 쉬우니 어떻게 자연스럽게 고객에게 다가갈 수 있을지를 고민했다. 그러다 안경사로 일한 경험을 살리면 좋겠다는 생각이 들었고, 안경을 쓰는 분들이 많은 곳을 주요 영업 지역으로 정했다. 특히 뿔테 안경이 아닌 코

받침이 있는 안경을 쓰는 분들을 주로 찾아갔다. 코 받침은 시간이 지나면 녹이 슬고 더러워진다. 더러워진 코 받침을 교체해주고 안경을 정비해주면 고객은 기분이 좋아져 나에게 차를 대접해줬다.

그 후 고객과의 만남이 한결 편해졌다. 내가 필요한 것을 얻어내려고만 하지 않고 고객에게 필요한 것을 주려고 노력했다. 효과는 놀라웠다. 굳이 영업을 하지 않아도 고객들이 내가 하는 일에 관심을 보이기 시작했고 자연스레 성과로 이어졌다.

정주영 회장을 벤치마킹하면서 점점 성과가 나타나기 시작했고, 그 이후로 나에게 없는 능력을 필요로 하는 일을 맡을 때면 언제나 역할놀이의 도움을 받았다. 신기하게도 역할놀이를 하다 보면 상대방의 결핍까지도 볼 수 있다. 모든 것을 다 갖춘 완벽한 사람은 존재하지 않는다. 그러나 과거의 나는 상대방의 결핍 같은 건 생각조차 하지 못했다. 오직 나의 결핍을 채우기 위해 타인을 필요로 했다. 강규형 대표님과의 만남도 애초에 내 결핍을 채우기 위함이었다.

10년간 안경사로 일하면서 의욕을 잃고 매너리즘에 빠져 있던 시절, 무기력을 술로 달래며 지내던 내게 이윤배 코치가 『성공을 바인딩하라』(강규형, 지식의날개, 2008)라는 책을 소개시켜줬다. 책 속에는 나와 다르게 열정적으로 살아가는 강규형이라는 사람이 있었다. 왠지 이분이라면 내 삶을 바꿔줄 것 같아서 꼭 만나고 싶었다.

우여곡절 끝에 2009년 5월 25일, 강규형 대표님을 만났다.

첫 만남 후 일주일 뒤 두 번째 만남을 가졌고, 두 시간가량 미팅을 하면서 그분이 어떻게 성장할 수 있었는지를 들었다. 그보다 큰 선물은 강 대표님이 추천한 50권의 책 리스트였다. 그중 『윌리엄 윌버포스의 위대한 유산』(윌리엄 윌버포스, 요단출판사, 2013)이라는 책이 있는데, 내용 중 '클래팜 공동체'라는 모임에 호기심이 생겼다. 내 영혼이 반응하는 것을 느꼈다. 클래팜 공동체를 알게 되면서 나는 비로소 내가 하고 싶었던 일이 무엇인지를 알게 되었다.

세 번째 만남에서 나는 강 대표님에게 클래팜 공동체 이야기를 꺼냈다. 그러면서 혹시 독서 모임을 할 의향이 없으신지 조심스럽게 물었다.

"강 대표님의 북 코칭이 제게 큰 도움이 됐습니다. 혹시 독서 모임을 해보는 건 어떨까요?"

질문을 한 뒤 나는 바로 후회했다. 잘 알지도 못하고, 만난 지 얼마 되지도 않은 사람이 할 제안이 아닌 것 같았다. 하지만 우려와는 다른 대답이 돌아왔다.

"전부터 독서 모임을 하고 싶었는데 미루고 있었습니다."

그에게 독서 모임은 하고 싶어도 일정이 너무 많아 할 엄두를 못 내던 결핍이었다. 내가 그 결핍을 건드린 것이다. 강 대표님은 나에게 같이 독서 모임을 하자고 제안했다. 당황스러웠다. 하고 싶어서 제안한 것이지만 이렇게 즉각 실현될 줄은 몰랐다. 그렇게 2009년 7월 4일, 양재나비 독서 모임이 시작되었고 8년째 지속되고 있다.

이처럼 내 결핍을 채우기 위해 노력 하는 것도 중요하지만 때로는 내가 아닌 다른 사람의 결핍으로부터 삶의 변화가 시작되기도 한다. 만약 그날 독서 모임 이야기를 꺼내지 않았으면 어땠을까. 혹은 내가 너무 능력이 부족해서 상대방의 결핍을 채우는 데 아무런 도움이 되지 않았다면, 강 대표님이 모임을 같이 하자고 제안을 했을까. 혹은 내가 받아들이지 않았으면 어떻게 되었을까. 양재나비는 만들어지지 않거나 아니면 더 늦게 시작되었을 것이다. 나와 강규형 대표님이 양재나비를 만들고 그 모임이 전국적으로 퍼져나간 것처럼, 상대방의 결핍을 보고 함께 채우려는 노력을 통해 또 다른 가능성이 열린다. 역할놀이를 할 때는 온전히 그 사람이 되어 강점뿐만 아니라 결핍까지도 보려고 노력해보자.

프로토타입의 확장

IDEO라는 회사 이름을 들어본 적이 있는가. IDEO는 세계적인 디자인 기업이다. 개인적으로는 꽤 오래전에 조선일보 위클리비즈를 통해 이 기업을 알게 되었는데, 다른 기업에서는 찾아보기 힘든 혁신적인 운영방식이 내 눈길을 사로잡았다. IDEO는 창의적인 아이디어가 많이 나올 수 있도록 특별한 일곱 가지 브레인스토밍 규칙을 두었는데, 그 내용은 다음과 같다.

① 판단을 늦춰라(Defer judgement): 그 어떤 아이디어도 무시 마라.

② 남의 아이디어를 발전시켜라(Build on the ideas of others): '그러나'라고 하지 말고 '그리고'라고 말하라.

③ 거친 아이디어라도 장려하라(Encourage wild ideas): 기존의 틀을 벗

어난 아이디어에 해답의 열쇠가 있을 가능성이 높다.

④ 많을수록 좋다(Go for quantity): 가능한 한 많은 아이디어가 나오도록 하라.

⑤ 쓰고 그려라(Be visual): 벽에 쓰거나 그려가면서 회의하라.

⑥ 주제에 집중하라(Be focused on the topic): 토론의 주제를 벗어나지 마라.

⑦ 한 번에 한 가지 이야기만(One conversation at a time): 중간에 끼어들거나 남의 말을 무시하지 말라.

출처: 박종세 기자, 'IDEO의 브레인스토밍 7원칙'(조선일보 위클리비즈, 2010년 7월 3일)

일곱 가지 규칙 중 내가 특히 주목한 부분은 ②번 '남의 아이디어를 발전시켜라'다. 이는 프로토타입, 즉 시험용 모델을 만들면서 아이디어를 현실화시키는 과정이라 할 수 있다. 프로토타입은 본격적인 상품화를 하기 전에 성능을 검증하고 개선하기 위해 핵심 기능만 넣어 제작한 기본 모델을 말한다. 본격적으로 생산에 들어가면 도중에 중단하거나 취소하기가 쉽지 않기 때문에 미리 프로토타입을 만들어 검증 과정을 거치면 위험 부담을 최소화할 수 있다. 또한 고객과 직원들의 피드백을 반영해 제품의 완성도도 높일 수 있다.

나는 프로토타입을 개인적인 업무에 자주 활용한다. 과거에는 강의를 구성하거나 컨설팅을 할 때 모든 것이 완벽하지 않으면 움직이지 않았다. 그래서 늘 막바지쯤엔 스트레스가 엄청났다. 하지만 프로토타입을 만들면서 스트레스가 줄었다. 핵심만 확실하다면 완성도가 30퍼센트 정도인 엉성한 프로토타입이라도 좋다. 말로만 핵심을 이야기할 때보다 프로토타입을 보여주고 피드백을 받을 때 훨씬 입체적이고 도움이 되는 피드백을 받을 수 있다.

이 책을 집필할 때도 미리 프로토타입을 만들었다. 비록 표지에 가제를 적어놓고, 대략적인 목차를 잡고, 20퍼센트도 채 안 되는 초고를 바인더로 만든 것이지만 그렇게라도 프로토타입을 만들었기에 이 책을 완성할 수 있었다. 본격적으로 일을 하기 전에 미리 프로토타입을 만들어서 시뮬레이션을 해보면 머릿속으로만 생각했을 때는 보이지 않던 많은 것들이 보인다. 어떤 것이 문제인지도 보이고, 개선을 위한 아이디어도 떠오른다.

일은 많고 시간은 없는데 꼭 프로토타입을 만들어야 하냐고 묻는 사람도 있다. 프로토타입을 만드는 데 시간을 쓰면 시간이 더 부족해지지 않을까 하는 우려 때문이다. 하지만 한 번이라도 프로토타입을 만들어보면 결국 더 빠른 시간에 성과를 낼 수 있다는 것을 알게 될 것이다.

아주 복잡하고 어려운 프로젝트를 수행할 때도 프로토타입은 성과를 극대화하는데 큰 도움이 된다. 2017년 9월, 일본의 하우스텐보스(Huis Ten Bosch)를 방문한 적이 있다. 하우스텐보스는 일본 남단 규슈의 나가사키현 사세보시에 있는 중세 유럽(17세기 네덜란드)의 거리를 재현한 테마 리조트 공원으로 1992년 3월 25일 개장하였다. 약 1,000명의 직원들이 이곳에 근무한다.

하우스텐보스는 네덜란드어로 '숲속의 집'을 뜻하는 데 아름다운 신록에 둘러싸인 운하가 흐르는 거리에는 관광객의 시선을 끄는 박물관과 레스토랑 등이 자리잡고 있다. 택지 내로 들어서면 저마다 개성을 뽐내는 호텔이 5개나 있고, 요트 정비 정박소와 분양 주택지도 눈에 띈다. 면적은 152만 제곱미터로 모나코의 면적과 같은 수준이다.

세계 최고 수준의 테마파크 리조트임에도 하우스텐보스는 개장 초기에만 반짝 인기가 있었지, 18년간 한 번도 흑자를 낸 적이 없었다. 미즈호파이낸셜그룹과 노무라프린시펄파이낸스가 흑자 전환을 시도했지만 모두 실패로 돌아갔다. 그런 하우스텐보스를 사와다 히데오가 살려냈다. 대체 18년 동안 적자를 면치 못했던 하우스텐보스를 어떻게 살려냈을까? 유노키 경영관리부장과의 인터뷰에서 그 답을 들을 수 있었다.

사와다 히데오 회장이 제일 먼저 한 일은 대단한 프로젝트가 아닌 직원들의 의식을 바꾸는 일이었다. 그는 '패배의식에서 벗어나기'가 의식 변화의 핵심이라고 생각했다. 그런데 18년 동안의 실패가 만든 패배의식을 없애기는 쉽지 않았다. 고민 끝에 사와다 히데오 회장은 '웃는 얼굴'을 주문했다. 웃는 얼굴이 변화를 위한 작은 프로토타입이었던 셈이다.

"실패하더라도 상관없습니다. 반성하고 다시 시도하면 되고, 새로운 것은 실패에서만 얻을 수 있습니다. 아무리 조그마한 성공이라도 괜찮습니다. 밝음과 희망이 없는 서비스는 치명적일 수 있습니다."

3개월 정도 지나면서 사원들이 조금씩 변하기 시작했다. 웃는 얼굴 프로토타입이 성과를 내면서 그는 또 다른 프로토타입을 시도했다. 바로 '사무실을 깨끗하게 청소하는 것'과 '20% 효율화 달성'이었다.

웃는 얼굴과 사무실을 깨끗하게 청소하기는 마음만 먹으면 쉽게 실천할 수 있는 것이지만 '20% 효율화 달성'은 그리 간단한 일이 아니었다. 사와다 히데오 회장은 원가를 20% 절감하고, 매출을 20% 늘리는 전략으로 프로토타입을 실행했다. 워낙 고정비가 차지하는 비중이 커서 원가 절감은 쉽지 않았다. 도저히 비용을 삭감할 수 없는 프로젝트나 부서도 있었다. 그런 경우 사와다 회장은 1.2배 빠르게 움직일 것을 직원들에게 요구했다. 1시간 걸리는 일을 40분에 끝내고, 30분이 걸리면 10분으로 단축시키기 위해 노력하라고 강조했다. 얼마든지 시간을 줄일 수 있다는 것을 보여주기 위해 사와다 회장은 몸소 전기자동차를 타고 하우스텐보스 시설을 관리 감독하러 다니곤 했다. 가끔은 산타클로스 복장을 하고 고객들과 직원들을 맞이하기도 했다.

18년 동안 적자를 면치 못했던 기업을 흑자로 전환시켰던 힘은 작은 프로토타입에서 나왔다. 프로토타입은 큰 성과를 내는 출발점이나 마찬가지다. 어렵지 않게 할 수 있는 작은 프로토타입을 시작하고, 프로토타입에서 나온 성과를 바탕으로 더 나은 성과를 낼 수 있는 방법을 연구하는 동안 빅 커리어는 자연스럽게 완성되어 간다.

PPR 트라이앵글의 선순환

빅 커리어는 PPR 트라이앵글 시스템에 의해 성장한다. PPR 트라이앵글은 업무를 실행함에 있어 프로젝트(Project), 퍼포먼스(Performance), 연구개발(Research & Development) 이 세 가지 요소가 서로 선순환하며 성과를 내는 시스템을 말한다.

세 가지는 모두 성과를 내는 데 빼놓을 수 없는 중요한 요소이다. 빅 커리어를 쌓으려면 일을 노가다가 아닌 프로젝트로 하는 것도 중요하지만 'R&D'는 실행력을 높여 성과로 이어질 수 있게 해주는 중요 요소다.

일을 할 때 성과를 내기 위해서는 일을 프로젝트로 승화시켜 해야 한다. 일을 프로젝트로 만들 때 꼭 필요한 것이 R&D다. 어떻게 하면 프로젝트로 만들어 성과를 낼 수 있을까 구체적인 방법을 조

성과를 만드는 PPR 트라이앵글

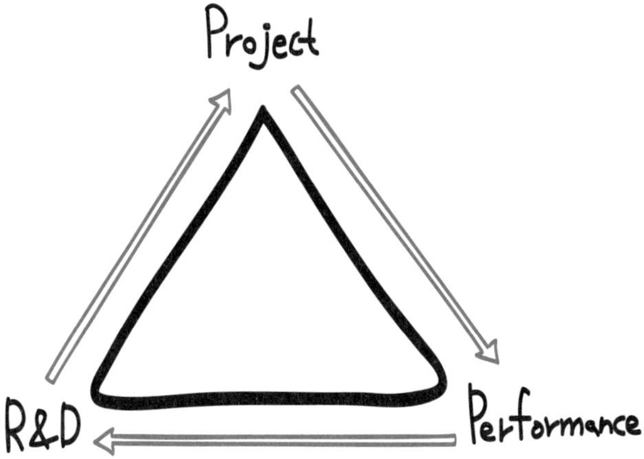

사하고 연구하는 것이 R&D인 셈이다.

공부는 하면 할수록 공부할 것이 늘어난다. 일찍이 아인슈타인은 "매일 공부할수록 지식의 원이 커져 나의 무지가 더 늘어난다"고 말했다. 아무것도 모를 때는 공부를 하려고 해도 무엇을 어디서부터 공부해야 할지 감조차 잡을 수 없다. 공부를 해야 비로소 내가 아는 것과 모르는 것을 구분할 수 있고, 무엇을 더 공부해야 하는지를 알 수 있다.

실행도 마찬가지다. 어떻게 프로젝트를 만들고, 프로젝트의 성과를 어떻게 높일 수 있는지를 연구하지 않고서는 제대로 실행하기가 어렵다. R&D 없이 무조건 하는 실행은 성과를 내지 못하므로 의미가 없다. 예를 들어보자.

개인적으로 〈팬텀싱어〉라는 TV 프로그램을 좋아한다. 〈팬텀싱어〉는 남성 사중창 그룹을 결성하기 위해 기획된 서바이벌 오디션 프로그램이다. 프로그램의 진행 방식은 다음과 같다. 처음에 참가자 48명이 각자 노래를 부르고 그 중 32명을 뽑는다. 32명은 다시 듀엣을 결성해 노래를 부른다. 이때 승리한 팀의 구성원은 모두 다음 단계에 진출하고 진 팀 중에서 8명은 탈락한다. 그 다음은 삼중창이다. 이때는 세 명씩 팀을 이룬다. 삼중창을 통과해야 최종 사중창 그룹으로 선발될 수 있다.

나는 특히 시즌 2에 출연한 삼중창 팀 '라일락'을 응원했다. 라일락 팀은 결성되자마자 '목소리가 서로 안 어울린다', '불안하다', '바보 같은 선택을 했다'며 심사위원들에게 혹평을 받고 8개 팀 중 최약체로 여겨졌다.

하지만 라일락 팀은 끝내 심사위원 6명으로부터 극찬을 받는다. 그리고 라일락 팀을 부정적으로 평가했던 두 심사위원은 "세 분을 약팀이라고 했던 것에 정식으로 사과드립니다"라고 말한다.

어떻게 최약체였던 라일락이 최고의 팀으로 부상할 수 있었을까? 답은 'R&D'에 있다. 공연에 앞서 참가팀은 노래를 선정하고 심사위원들의 조언을 듣는다. 나름 열심히 선곡을 했지만 세 명의 심사위원 모두 '너무 고민하지 않은 선곡'이라며 엄청난 독설을 퍼부었다. 세 사람은 크게 좌절하고 충격에 빠진다.

만약 라일락 팀이 충격에서 벗어나지 못하고 방황했다면 결과는 달라지지 않았을 것이다. 하지만 그들은 결국 세 사람의 하모니를 최대한 이끌어 낼 수 있는 노래인 'look inside'를 선곡한다. 이 노래는 방황하는 사람들에게 인생의 해답은 자신 안에 있다는 메시지를 담은 곡으로, 라일락 팀의 상황과도 맞아 떨어지고 개성 있는 세 명의 목소리를 잘 살렸다는 평가를 받았다. 라일락 팀은 자신들에게 잘 맞는 최선의 노래를 찾아낸 것이다. 각자의 장단점을 철저하게 R&D했기에 가능했던 일이다.

R&D를 바탕으로 실행했을 때와 그냥 남들과 똑같은 방법으로 실행했을 때의 차이는 이렇게 크다. 성과를 내는 PPR 트라이앵글에서 R&D가 한 축을 담당하는 이유가 여기에 있다. 실행이라고 다 같은 실행이 아니다. 이왕이면 성과를 극대화할 수 있는 실행을 해야 하는데, 그런 실행을 가능하게 만들어주는 것이 R&D이다.

PPR 트라이앵글의 선순환은 곧 커리어를 풍성하게 만들고, 빅 커리어를 만드는데 결정적인 역할을 한다. 어떤 커리어를 쌓더라도 Project, Performance, R&D 세 축의 관계를 잘 이해하고 최상의 성과(Performance)를 낼 수 있도록 노력하자.

성과가 늘 좋을 수만은 없다. 성과를 크게 '우수(excellence)', '보통(soso)', '나쁨(bad)'으로 구분했을 때 'bad'로 구분되는 경우도 많다. 이 때 우수는 상위 3~5%, 보통은 60%, 나쁨은 하위 35~37%의 성과를 의미한다. 우리는 '나쁨'을 무조건 부정적으로만 생각하기 쉽다. 그러나 받아들이기에 따라 이는 좋은 신호가 된다. 왜 이런 성과를 얻었는지 적극 분석하고 R&D에 이를 활용한다면 '나쁨' 역시 PPR 트라이앵글 선순환의 한 과정이 될 수 있다.

성과가 나쁘면 기운이 빠지고 의욕을 상실하기 쉽지만 그럴 때일수록 라일락 팀이 그랬던 것처럼 R&D를 열심히 해 PPR 트라이앵글이 선순환을 할 수 있도록 만들어야 한다. 이 모든 과정이 결국 빅 커리어를 쌓는 과정이라 할 수 있다.

극복 가능한 장애물, 딥

노력한 만큼 성과가 날 때는 실행이 비교적 힘들지 않다. 문제는 노력한 만큼 성과가 나지 않을 때이다. 아무리 노력해도 성과가 나기는커녕 더 나빠지면 더 이상 실행하고픈 마음이 생기지 않기 마련이다. 실행은 곧 성과로 연결되고, 성과는 다시 빅 커리어로 이어진다. 결국 당장 성과가 최악이라 해도 빅 커리어를 만들려면 실행을 멈춰서는 안 된다. 팬텀싱어에 참가했던 라일락 팀이 슬럼프에 빠져 모두가 스스로를 '쓰레기'라고 말하는 장면이 방영된 순간이 있었다. 21세기 비즈니스 전략가이자 베스트셀러 저자인 세스 고딘의 표현을 빌리자면, 이 세 사람의 상황은 딥(Dip)이다. 보통 노력해도 성과가 나지 않는 경우는 깊은 구덩이(Dip)에 빠졌을 때이다. 이런저런 장애물에 부딪혀 한 걸음도 앞으로 나가지 못하는 경우인데, 이런 때일수록 실행력을 장착해야 한다. 그래야 구덩이에서 빠져 나와 최고의 성공으로 달릴 수 있다. 세스 고딘은 『더 딥』이라는 책에서 다음과 같이 딥을 정의했다.

> "딥은 어떤 일의 시작과 그것에 숙달되는 지점 사이에 놓인 길고 지루한 과정이다. 그런데 이 길고 지루한 과정이 사실은 지름길이다. 당신이 가려는 곳으로 다른 어떤 길보다 빨리 데려다 주기 때문이다. 딥은 스키 타기나 패션 디자인에서 쉬운 '초보적 기술'과 좀 더 쓸모 있는 '전문가적 기술' 사이에 놓인 간극이다. 딥은 초심자가 운 좋게 잘되는 것과 의미 있는 업적 달성 사이에 놓인 머나먼 길이다."

출처: 『더 딥』(세스 고딘, 재인, 2010)

딥은 그저 한 번 빠지면 헤어 나올 수 없는 깊은 구덩이가 아니다. 세스 고딘이 정의한 것처럼, 겉으로 보면 지루하고 험난한 과정이지만 다른 한편으로는 빅 커리어로 가는 지름길이기도 한 셈이다. 다만 어디까지나 그 딥에서 빠져나왔을 때의 결과만이 그렇다. 어떤 커리어를 쌓더라도 마찬가지다. 노력과 성과의 관계는 산을 오르내리는 것처럼 굴곡이 심하다. 노력과 성과의 상관관계 그래프를 잘 이해하면 딥에 빠져 있을 때 쉽게 실행을 포기하지 않을 수 있다.

노력과 성과의 상관관계

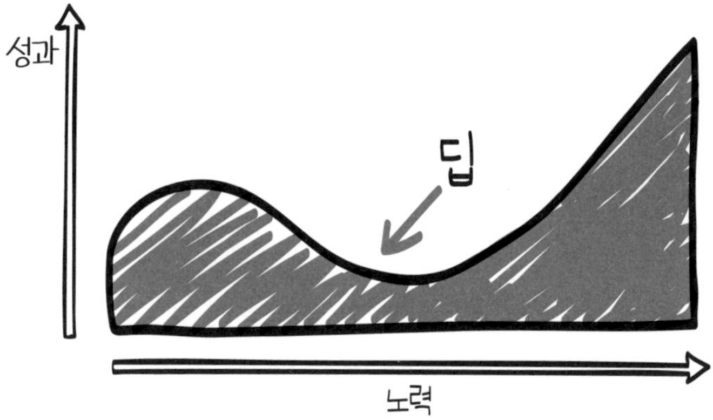

출처: 『더 딥』(세스 고딘, 재인, 2010)

또한 딥은 처음부터 오는 것은 아니다. 노력과 성과의 상관관계를 보여준 그래프에서도 알 수 있듯이 보통 일을 처음 할 때는 노력한 만큼 성과가 나온다. 어떤 일이든 처음에는 재미가 있어 배우는 속도도 빠르고 그만큼 결과도 좋다. 하지만 이때의 성과는 노력의 결과물이라기보다 초심자의 행운에 가깝다.

초반의 성공은 대체적으로 깊은 딥으로 이어진다. 열심히 했는데 주변의 평가와 스스로에 대한 평가가 최악인 지점이다. 실행을 게을리한 것도 아닌데 성과는 바닥으로 곤두박질하고, 회복할 기미는 보이지 않는다.

지금부터가 중요하다. 딥은 극복 가능한 장애물이다. 그럼에도 딥을 빠져나오기는 정말 쉽지 않다. 딥을 빠져나오기까지는 아주 길고 지루한 과정을 견뎌내야 한다. 세스 고딘은 딥을 잘 견디면 결국 의미 있는 업적을 달성할 수 있다고 말한다.

하지만 딥의 결말이 언제나 해피엔딩인 것은 아니다. 다음 그래프는 세스 고딘의 그래프를 빅 커리어 관점에서 재해석해 만든 그래프이다.

딥에 빠져 성과가 바닥이라도 실망하기에는 이르다. 처음에 달성했던 성과가 노력보다는 초심자의 행운에 불과한 것이기도 하

빅 커리어 관점에서 재해석한 노력과 성과의 상관관계

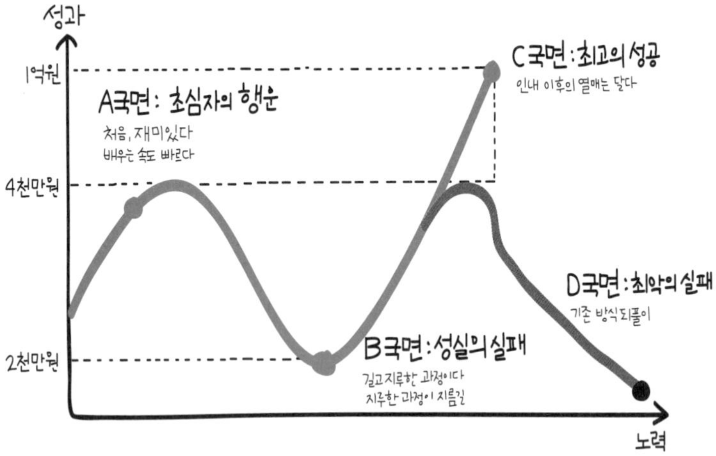

고, 비록 성과를 내는 데는 실패했어도 포기하지 않고 노력하면 다시 성과를 낼 수 있기 때문이다.

단 이때 기존의 방식을 답습해서는 안 된다. 딥에 빠져 성과가 바닥을 찍었을 때를 '성실의 실패'라 부른다. 열심히 노력했는데도 성과가 좋지 않았던 것은 전략이 없었기 때문이다. 초기의 성취에 도취돼 성과를 내기 위한 이렇다 할 전략 없이 무조건 실행했기에 실패한 것이다.

딥을 극복하고 최고의 성공을 이루기 위해서는 전략적 실행이 필요하다. 별다른 전략 없이 그대로, 무조건 열심히 하는 것만으로도 초반에 이루어낸 성취만큼은 성과를 회복할 수도 있다. 하지만 초반의 성취를 넘어 최고의 성공을 이루려면 기존의 방식을 그대로 반복하고 있어서는 안 된다. 왜 노력을 하는데도 딥에 빠졌는지 원인을 분석하고 성과를 극대화할 수 있는 전략을 세워야 한다. 전략 없이 그냥 예전에 하던 대로만 실행을 반복한다면 점점 성과가 나빠지고, 경쟁에서 도태되어 자존감마저 낮아지며 최악의 실패를 피할 길이 없다.

딥에서 빠져나올 전략을 세웠다면 그야말로 피나는 노력이 필요하다. 딥이 깊을수록 더 많은 노력이 필요하겠지만 그렇다고 처음부터 무리해서는 안 된다. 우선 실행하기 쉬운 작은 목표를 세우고 실행하는 것부터 시작해야 한다.

세계적인 농구 명장으로 알려진 존 우든은 감독으로 캘리포니아대학교 로스앤젤레스 팀을 이끌면서 88연승을 거뒀다. 이는 스포츠계에서 깨기 힘든 불멸의 기록이며 그는 농구 명예의 전당에 3회나 헌액되었다. 그는 88연승을 거둘 수 있었던 비결이 선수들에게 분명한 목표가 있는 연습을 시킨 데 있다고 여러 인터뷰와 저서를 통해 밝혀왔다. 아무리 타고난 강점과 재능을 지녔더라도 끊임없이 노력하지 않으면 강점과 재능을 최대한 발휘해 빅 커리어를 쌓기 어렵다. 분야를 막론하고 세계 최고의 자리에 오른 사람치고 연습을 게을리한 사람은 없다. 하지만 연습을 했다는 자체만으로는 한계가 있다. 연습으로 어느 정도 수준까지는 올라갈 수 있겠지만 그 이상으로 발전하지 않는 때가 온다.

능력을 최대치로 끌어올리려면 정교한 연습이 필요하다. 여기서 말하는 정교한 연습은 능력의 한계까지 몰아붙이는 연습을 의미한다. 더 이상 노력으로 끌어올릴 수 없는 수준까지 능력을 개발하는 것이 정교한 연습이 추구하는 최종 목표이다.

하지만 사람의 능력은 하루아침에 개발되지 않는다. 존 우든은 '사실 우리는 하루 만에 변하도록 설계되지 않았으며, 조금씩 반복을 통해 발전하도록 설계되어 있다.'고 말했다. 그래서 작고 한정된 목표를 설정한 뒤 이를 달성하기 위해 모든 노력을 기울여야 함을 강조했다. 작은 목표를 세우고 연습해 성취하고, 조금 더 큰 목표를 세우고 연습해 성취하기를 반복하면서 결국 최종 목표에 도달하는 것이다. 이런 방식으로 선수들을 훈련시켜 88연승이라는 놀라운 성취를 이루어낸 것이다.

딥을 극복하고 빅 커리어를 쌓을 때도 존 우든의 방식을 그대로 적용할 수 있다. 연습이 곧 성취가 아니듯이 실행력 자체가 언제나 성과로 이어지지는 않는다. 실행력이 남부럽지 않은데 성과가 나지 않는 사람들의 공통점은 뚜렷한 목표 없이 그저 하던 대로 열심히 한다는 것이다. 사실 이런 사람들이 조직에서 제일 골칫덩이로 여겨지기도 한다.

성과로 이어지지 않는 실행력은 진정한 실행력이 아니다. 진정한 실행력을 키우려면 작은 목표를 세우고 이를 달성하는 경험을 해야 한다. 목표는 시간이 아닌 구체적인 내용이 있어야 한다. 예를 들어 '성과를 내기 위해 매일 1시간씩 더 일을 하겠다'가 아닌 '매일 거래처를 3군데씩 더 방문하겠다'와 같이 구체적인 실행계획이 포함된 목표를 잡아야 한다. 계획한대로 몇 주간 실행했다면 그다음의 목표를 세우고 실행하면서 성과도 내고, 커리어를 발전시켜 나갈 수 있다.

약점보다 강점을 먼저 보는 습관

수많은 기업들을 대상으로 교육을 하다 보니 앞으로 성장할 기업과 그렇지 않은 기업이 자연스럽게 눈에 들어온다. 내가 특별한 혜안을 가져서가 아니다. 향후 기업의 성장 가능성을 가늠하는 방법은 의외로 간단하다. 팀장이 팀원들에게 어떻게 일을 시키는지만 보면 된다. 팀장의 역할은 팀원들에게 업무를 배분해 성과를 극대화시키는 것이다. 업무를 분배하는 방식은 팀장마다 다르다. 일단 팀원들 개개인의 특성을 고려하지 않고 형평성이라는 미명 아래 똑같이 일을 시킨다면 그 팀의 앞날은 그리 순탄치 않다. 모든 업무 분배를 형평성을 우선으로 한다면 팀이 낼 수 있는 최대의 성과를 내기란 거의 불가능하다.

반면 팀장이 팀원의 강점을 파악해 그에 맞는 일을 시킨다면 그

팀의 미래는 장밋빛이다. 팀원들이 각자 자기가 잘하는 일을 하기 때문에 최대의 성과를 내는 것은 시간문제다.

강점과 약점에 대해서는 이견이 많다. 기본적으로는 강점을 잘 살려야 성과를 낼 수 있다고 말하지만 약점을 무시해서는 안 된다는 의견도 만만치 않다. 이 주장은 성과를 내는데 발목을 잡는 약점을 어떤 형태로든 보완하지 않으면 성과를 내는데 한계가 있다는 주장이다.

각각 저 나름대로의 근거가 있겠지만 지금까지 기업 교육을 하면서 내가 내린 결론은 약점을 보완하기보다는 강점에 집중했을 때 성과를 내기도 쉽고, 성과의 수준 또한 높다는 것이다. 강점에 집중해 높은 성과를 내는 동안 빅 커리어가 자연스럽게 완성되는 것은 물론이다.

강점에 대해 집중적으로 연구한 마커스 버킹엄도 나와 생각이 같다. 그는 '성장하고 싶다면 그래서 누구보다 앞서 가고 싶다면, 약점에 의존해서는 안 된다. 지금 잘하지 못해도 점점 잘해낼 수 있는 일에 집중해야 한다'는 많은 사람의 주장에 정면으로 반박했다. 아무리 노력해도 약점의 본질은 바뀌지 않기 때문에 약점에 매달리지 말고, 강점에 집중했을 때 성장하기도 쉽고, 성과를 내기도 수월하다고 주장한다.

그럼에도 많은 사람이 강점이 아닌 약점에 집중하는 경향이 있다. 기업에서 각종 워크숍을 진행하다보면 종종 이런 현상을 확인하곤 한다. 사람들은 자신에 대해서는 물론 다른 사람에 대해서도 장점보다는 단점을 먼저 본다.

왜 그럴까? 이는 우리가 자라온 환경과 무관하지 않다. 요즘 젊은 부모들은 많이 다르지만 예전의 부모나 어른들은 칭찬에 인색한 편이다. 강점보다는 약점을 지적하며 개선할 것을 요구하는 경우가 많았다. 수시로 부족한 점을 개선해야 한다는 소리를 들으며 자라다보니 강점보다 약점을 먼저 떠올리는 것이 습관처럼 몸에 배게 된 것이다.

강점보다 약점을 먼저 보는 습관은 결국 자신의 강점을 찾는 것을 방해한다. 습관은 집요하다. 습관은 무의식과도 같아 머리로는 강점을 찾으려 해도 어느 순간 자기도 모르는 사이에 약점에 집중하게 된다.

그렇다면 자신의 강점을 어떻게 찾아야 할까? 우선 수첩을 가지고 다니며 하고 싶은 일이 생길 때마다 기록해본다. 또한 어떤 일을 할 때 유난히 시간이 빨리 지나간 느낌이라면 하던 일을 잠시 멈추고 그 순간을 기록해보자. 하고 싶은 일과 시간이 가는 줄도 모르고 몰입할 수 있는 일은 자신이 강점이 될 가능성이 아주 크다. 다른 사람의 도움을 받는 것도 좋다. 사람은 누구나 자신을 객관적으로 보기 어렵다. 그렇다 보니 혼자서는 자신의 강점을 찾기가 어려울 수 있는데, 이때 자신을 잘 아는 가족이나 친구의 도움을 받으면 자기도 몰랐던 강점을 찾을 수도 있다. 가능한 한 나를 아는 다양한 사람들에게 물어보는 것이 좋다.

애써 강점을 발견했다고 끝이 아니다. 생각보다 강점을 발휘할 수 없도록 방해하는 요인들이 많다. 때로는 방해가 너무 집요해 강점을 발휘할 기회조차 얻지 못할 수도 있다. 예를 들어 속도보다는 꼼꼼함, 치밀함이 강점인 사람이 있다고 가정하자. 이런 사람은 업무를 빨리 처리하지는 못할지라도 어떤 일이든 확실하고 완벽하게 처리한다. 그런데 누군가 꼼꼼함을 강점으로 인정하지 않고 오히려 약점 취급을 한다면 어떻게 해야 할까?

우선 강점을 의도적으로 훼손하려는 사람과는 가까이 하지 않는 것이 좋다. 하지만 같은 조직에서 함께 일하는 경우라면 힘들 수도 있다. 좋든, 싫든 같이 일해야 한다면 방해자를 제어할 수 있는 제3자에게 도움을 청하는 것도 방법이다. 예를 들어 팀 동료가 "네가 너무 일을 늦게 처리해 나한테 일이 다 넘어온다"며 불평을 늘어놓는다면 팀장에게 상황을 설명하고, 적절한 업무 배분을 부탁하는 것이다.

직접 방해자에게 당신의 감정을 털어놓고 그가 더 이상 방해하지 않는 시스템을 만드는 것도 좋은 방법이다. "나는 꼼꼼하게 일을 하느라고 속도가 좀 느려. 그런데 느리다고 자꾸 불평하면 내가 너무 힘들어. 시간이 걸려도 내가 맡은 일은 내가 다 처리할 테니 조금만 이해해줬으면 좋겠다"와 같이 말한다면 방해자도 생각을 달리할 수 있을 것이다.

마지막으로 방해자에 대한 나의 관점을 바꾸어 본다. 즉 그의 관점에서 다시 보는 것이다. 내 입장에서는 꼼꼼하게 일을 처리하는 것이 더 중요하지만 업무 처리 속도가 빠른 상대방의 관점에서는 답답할 수 있다. 관점을 바꾸면 나의 강점을 방해하는 상대방을 어느 정도 이해할 수 있고, 그만큼 상대방의 이해를 구하기도 쉽다.

강점을 발견하고, 강점을 방해하는 요인을 효과적으로 차단했다면 강점을 적극적으로 활용할 일만 남았다. 자신의 강점을 최대한 발휘하려고 노력하다 보면 자연스럽게 성과가 나고 커리어가 쌓이면서 대체 불가능한 빅 커리어를 완성할 수 있을 것이다.

나의 역량에 동료의 역량을 더한다

요즘에는 개인의 커리어를 평가할 때 개인만이 아니라 팀의 역량을 함께 보는 경우가 많다. 대부분 개인보다는 팀 단위로 일을 하기 때문이다. 아무리 개인의 능력이 뛰어나도 팀워크가 좋지 않으면 성과를 내기 어렵고, 그런 팀에서 커리어를 발전시키는 데는 한계가 있다. 그래서 빅 커리어를 만들려면 개인의 능력만이 아니라 조직, 팀의 생산성을 최대로 끌어 올리려는 노력을 해야 한다.

조직이나 팀의 생산성을 최대로 끌어올리기 위해서는 팀원들의 강점을 최대한 살려야 한다. 세 명이 한 팀이 되어 프로젝트를 진행한다고 가정해보자. A는 기획력은 있는데 실행력과 공감력이 부족하다. B는 실행력이 높고 공감력은 보통, 기획력은 미흡하다. C는 공감력이 뛰어나고 기획력과 실행력은 보통이다. 이 경우 기획이 필요한 부분은 A가 주도하고, 프로젝트를 실행하는 역할은 B가, 의견이 맞지 않아 갈등이 생겼을 때는 C가 해결한다면 훨씬 순조롭게 프로젝트를 진행할 수 있다.

팀원들이 어떤 강점을 갖고 있는지 알려면 '동료 본깨적'이 필요하다. 동료는 물론 상사까지 본깨적 프레임으로 보면 자연스럽게 강점이 보이고, 어떻게 업무에 적용할 수 있을지 알게 된다.

본: 동료가 잘하는 것은 무엇인가?

동료의 스펙, 예를 들어 명문대를 나왔다든가 자격증이 몇 개라던가 하는 것은 껍데기에 불과하다. 핵심은 이 사람이 어떤 태도로 일을 하는지, 이 사람만의 특별한 노하우가 있는지를 관찰하는 것이다. 특히 다른 동료나 거래처 관계자들은 이 사람의 어떤 점을 높이 평가하는지도 관찰해야 한다.

깨: 동료를 통해서 내가 새롭게 깨달은 것은 무엇인가?

일 잘하는 동료를 살펴보면 자신과의 차이점이 보인다. 미처 몰랐던 효율적인 업무 처리 방법이나, 그동안 놓치고 있던 부분을 알 수도 있다. 그러나 차이는 차이일 뿐이다. 깨닫는 것이 중요하지, 차이가 있다고 자책하거나 우월감을 가질 필요는 없다.

적: 동료의 업무법 중 내 업무에 적용할 것은 무엇인가?

동료의 업무 태도나 방식 중 본받을 만한 것이 있다면, 그중 가장 빠르게 습득 가능한 것 한 가지를 선택해 즉시 업무에 적용해보자. 결과가 어떻게 다른지 확인해보고 자신만의 색을 덧붙이자. 사람마다 강점이 다르기 때문에 무조건 똑같이 모방하는 것은 답이 아니다. 조직의 생산성을 올리려면 서로 목표를 공유하여 각자의 장점으로 동료의 약점을 메꿔야 한다. 이렇게 했을 때 팀은 물론 개인의 생산성도 높아진다.

조직이 성장하려면 서로가 가진 재능이 다르다는 사실을 깨닫는 것이 중요하다. 서로가 서로의 부족한 점을 메꿔준다는 관점으로 시선을 전환할 필요가 있다. 커리어가 쌓이다보면 어느 순간 리더십이 필요할 때가 오는데, 리더십은 하루아침에 성장하지 않는다. 가장 밑바닥에서부터 커리어를 시작했다면 당신의 커리어가 쌓여가면서 동료와 불편했던 그 현장이 당신의 리더십을 육성하는 소중한 필드라고 여기는 태도가 중요하다.

팀을 잘 이끌려면 리더십과 팔로우십이 모두 필요하다. 리더가 되기 전에 팀장님과 이사님 밑에서 최선을 다했던 팔로우 경험은 반드시 리더십을 발휘하는데 큰 도움이 된다. 팔로우 경험을 통해 자연스럽게 리더십을 배울 수 있기 때문이다.

리더십이든 팔로우십이든 중요한 것은 본깨적이다. 리더를 본깨적 함으로써 스스로 리더십을 배우는 것도 중요하고, 동료들을 본깨적 해서 동료들이 어떤 강점과 재능을 갖고 있는지를 파악해야 한다. 이런 본깨적이 팀의 생산성을 높이고 결과적으로 나의 빅 커리어를 만드는 데 도움이 된다.

원 메시지, 원 액션

일하는 데는 많은 에너지가 소모된다. 어떻게 일할지 고민하는 데도 에너지가 필요하고, 실행하는 데는 더 많이 소모된다. 과로로 에너지를 다 써버리면 집중도 안 되고 손끝 하나 꼼짝하기 싫을 정도로 피곤해진다. 에너지가 방전되면 당연히 실행력은 떨어진다. 아무리 뛰어난 사람이라고 해도 에너지 방전에는 속수무책이다. 어떻게든 에너지를 재충전해야 실행력이 다시 활발하게 가동될 수 있다.

'재충전' 하면 흔히 휴식을 떠올린다. 물론 적절한 휴식을 취하면 재충전하는 데 도움이 된다. 하지만 분명 충분한 휴식을 취했는데도 일을 시작하면 급격히 피곤해지고 몰입도가 떨어지는 경우가 많다. 마치 100퍼센트 충전을 시켰는데도 금방 소모되는 오래

된 배터리처럼 말이다.

이는 단순히 몸의 피로만 푸는 휴식을 취했기 때문이다. 재충전을 위해서는 지칠 대로 지친 뇌를 쉬게 해주는 것이 중요하다. 물론 단순 휴식을 통해서도 뇌를 쉬게 해줄 수는 있지만, 제대로 된 재충전을 위해서는 에너지를 소모시키는 부정적인 생각부터 없애야 한다.

일을 하다 보면 온갖 부정적인 생각과 걱정들이 꼬리에 꼬리를 문다. 성과 걱정, 상사에 대한 불만, 동료들과의 갈등, 조직의 불투명한 미래에 대한 불안이 머릿속에 가득하다. 생각만으로도 뇌는 지쳐버리고 뇌가 지치면 실행력은 가동되지 않는다.

그러나 단지 생각을 많이 한다고 해서 에너지가 바닥나는 것은 아니다. 오히려 긍정적인 생각은 뇌에 활력을 준다. 불교에는 사람이 바르게 살기 위해 실행해야 할 여덟 가지 길을 뜻하는 '팔정도'라는 개념이 있는데, 그중 '정사유', 즉 바르게 생각하기가 재충전의 기본이다. 어떻게 생각하느냐에 따라 에너지가 방전되기도 하고 재충전되기도 하기 때문이다.

열심히 작성한 보고서를 상사에게 제출했는데 상사가 인상을 찌푸리며 "보고서가 이게 뭔가, 일을 이렇게밖에 못하나?"라고 질책하면 어떨까. 기분이 나빠진 상태라서 다시 보고서를 수정하려고 해도 집중하기 어려울 것이다. '내가 뭘 그렇게 잘못했다고 저렇게 심하게 말하지?', '그만두라는 애기를 돌려서 하는 건가?' 등 온갖 부정적인 생각에 매몰된다. 결국 에너지만 빠르게 소모되고 보고서는 한 줄도 수정하지 못한다.

불필요하게 에너지를 낭비하지 않으려면 먼저 부정적인 생각으로부터 자유로워져야 한다. 하지만 이는 쉬운 일이 아니다. 떠올리지 않으려고 할수록 머릿속을 비집고 들어오는 것이 부정적인 생각의 성질이다. 결국 에너지는 더 많이 소모된다.

문제는 부정적인 생각이 아니라, 부정적인 반응을 부르는 마음의 과정이다. 부정적인 생각의 발원지는 자기 자신이지 상사가 아니다. 그렇기에 상대방의 생각을 인정하는 것이 먼저다. 상사가 보고서를 마음에 들지 않아 하고, 자신을 일 못하는 사람으로 생각한다는 것을 인정해야 한다. 그렇다고 모든 책임을 자신에게 돌리지는 말자. 그러면 문제는 더욱 커질 뿐이다.

상대방의 생각을 인정한 후에는 혼자서 속 끓이지 말고 상사를 찾아가 직접 이야기를 들어보자. 감정을 섞지 말고, 상대방을 이해하려는 마음으로 왜 보고서가 마음에 들지 않는지, 왜 내가 일을 못한다고 생각하는지 묻자. 여러 측면의 이야기가 나올 것이다. 모두 메모한 다음, 그중 자신이 가장 쉽고 빠르게 고칠 수 있는 것 하나를 골라 실행하자. 이것이 '원 메시지, 원 액션(One Message, One Action)' 전략이다.

무조건 생각하지 않으려 애쓰는 것보다 에너지를 소모시키는 생각의 근원을 없애야 효과적으로 재충전을 할 수 있다. 타인과의 관계가 아닌 자신과의 문제일 때도 마찬가지다. 뇌를 피곤하게 하는 원인을 적은 다음, 가장 빨리 해결할 수 있는 것부터 실행해나가자. 어디까지나 나를 기준으로 순서를 정해야 한다. 다른 사람의 요구에 맞춰 실행하다 보면 에너지가 더 많이 소모된다. 내가 가장 쉽게 할 수 있는 일부터 즉시 해야 성취감이 생기고 뇌도 쉴 수 있다. 이 과정을 반복하면 지속 가능한 행동의 동력을 얻을 수 있다.

지속과 몰입의 중요성

100미터 달리기는 있는 힘껏 질주해야 승리할 수 있다. 하지만 마라톤은 42.195킬로미터를 뛰어야 하기 때문에 처음부터 끝까지 전력으로 뛸 수 없다. 긴 호흡으로 체력을 잘 배분해야만 완주할 수 있다. 빅 커리어를 만드는 과정은 100미터 달리기보다는 마라톤에 가깝다. 하루 이틀 반짝 집중해서 성과를 냈다고 바로 빅 커리어가 되는 것이 아니라 오랫동안 시간과 노력을 투자해 커리어를 쌓을 때 빅 커리어가 완성된다. 그 긴 여정을 끝까지 가려면 지속 가능한 실행 계획이 필요하다.

그 누구보다도 자기 일을 사랑하고, 열심히 하는데도 성과가 나지 않아 고민하는 민정 씨가 있다. 그녀는 성과가 나지 않는 원인을 '간절함 부족'과 '계획력 부족'이라고 판단했다.

간절함이 부족한 이유는 자신이 정말 원하는 것이 무엇인지 모르기 때문인 경우가 많다. 이 문제는 끊임없이 자신에게 질문을 던져보면 어느 정도 해결할 수 있다. 그녀는 초심으로 돌아가 일을 다시 생각하면서 자신이 진정 원하는 것이 무엇인지 고민했고, 다행히도 일에 대한 자신만의 답을 찾았다고 한다.

계획력 부족은 일상을 더 치밀하고 구체적으로 계획하는 방법으로 해결하려고 했다. 계획 중 하나는 기상 시간을 평소보다 두 시간 앞당기는 것이었다. 해야 할 일은 많은데 시간은 정해져 있으니 민정 씨로서는 잠을 줄여서라도 시간을 확보해야겠다고 생각한 모양이다.

민정 씨뿐만 아니라 많은 사람이 시간이 부족하면 잠부터 줄이려고 한다. 하지만 컨설턴트로 다양한 사람들을 만나본 경험상 잠을 줄여서 계획에 성공한 사례는 많이 보지 못했다. 대부분 실패로 끝났다.

잠을 줄이면 당장은 시간을 확보한 것처럼 느껴질 수 있다. 실제로 민정 씨처럼 하루에 두 시간만 일찍 일어나도 일주일이면 14시간, 8주면 112시간이 확보된다. 112시간이면 4일 하고도 16시간이 넘는 긴 시간이다. 결코 짧은 시간이 아니지만 문제는 깨어있는 시간의 질이다.

잠이 부족하면 깨어 있을 때 집중력이 떨어진다. 물론 하루에

4~5시간만 자도 집중력이 흐트러지지 않는 사람들도 있다. 짧은 숙면을 취하는 것이 습관화되어 있는 사람들이다. 그러나 그런 사람이 아니고서는 갑자기 잠자는 시간을 줄이면 아무래도 집중력이 떨어질 수밖에 없다. 몽롱한 상태에서는 일을 제대로 수행하기 어렵고, 지속하기는 더 어렵다. 설령 지속한다 해도 몰입하지 못하고 시간만 채우는 업무는 하지 않는 것만 못하다. 차라리 깨어 있을 때 생산성을 극대화시킬 궁리를 하는 것이 더 효율적이다. 똑같은 시간이라도 몰입도를 높이면 두 배, 세 배의 효과를 얻을 수 있다. 누구에게나 몰입하지 않았을 때 하루가 걸렸던 일을 바짝 집중해서 몇 시간 만에 끝낸 경험이 한 번쯤 있을 것이다.

몰입도를 높이려면 꼭 휴식을 취해야 한다. 적당한 휴식으로 몸과 마음을 재충전해야 맑은 정신으로 일에 몰입할 수 있다. 휴식은 실행을 지속할 수 있게 해주는 원동력이므로 '적당한 휴식이 곧 실행'이라고 해도 과언이 아니다.

실행력이 뛰어난 분들이 자주 하는 실수가 있는데, 바로 너무 많은 계획을 세우는 것이다. 이런 분들은 계획한 일을 실행하는 데 주저함이 없다. 그러다 보니 어느 순간 자기도 모르게 실행해야 할 계획이 너무 많아져 지속하기가 힘들어진다.

영주 씨의 사례를 들어보겠다. 한때 회사에서 가장 성과를 많이 내 훌륭한 커리어를 쌓고 있는 직원으로 동료들의 부러움을 샀던 그녀지만, 언제부터인가 실적이 점점 떨어지기 시작했다. 위기감을 느끼고 이런저런 시도를 해봤지만 한 번 떨어지기 시작한 성과는 좀처럼 회복할 기미를 보이지 않았다.

나는 안타까운 마음에 현장에서도 본깨적을 적용해보기를 권했다. 다행히도 영주 씨는 독서 본깨적을 실행해왔던 차라 본깨적의 기본을 잘 알고 있었다. 기본적인 틀만 알려주었는데도 문제점을 찾고 개선해나갔다. 자신의 업무를 세세하게 들여다본 후 영주 씨가 내린 결론은 다음과 같았다.

"물리적인 시간은 정해져 있는데 일을 너무 많이 벌려서 집중력이 떨어졌던 것 같아요."

커리어에 욕심이 많던 영주 씨는 본업 외에도 주기적으로 하는 일이 대여섯 가지나 있었다. 독서는 기본이고 강좌를 듣는 데도 열심이었다. 배운 것을 나누고 싶은 마음에 동료들과 매주 소모임을 했고, 고객들을 위한 상담도 주기적으로 실행했다.

영주 씨가 한 일들은 사실 큰 범주에서 모두 업무와 관련이 있는 일들이니 지치지 않고 지속할 수만 있다면 금상첨화일 것이다. 그러나 과부하가 온다면 버릴 것은 과감하게 버리고 중요도가 높은 일을 선택해야 한다. 지나침은 모자람만 못하다.

그래서 영주 씨는 '고객을 최우선으로 하자'는 원칙을 정했다. 기준을 명확히 하니 어떤 일을 지속하고 어떤 일을 중단해야 할지가 눈에 보였다. 동료들과의 소모임을 중단하고 듣는 강좌를 절반으로 줄인 다음 고객에게 보다 집중했다.

그렇게 6주쯤 지나면서 성과를 거둘 수 있었다. 법인 고객과 큰 계약을 몇 차례 성사시켰고, 개인 고객과도 굵직한 계약들을 체결했다. 나쁜 일은 혼자 오지 않는다는 말도 있지만 좋은 일 역시 한꺼번에 찾아오는 경우가 있다. 불과 몇 주 사이에 많은 성과를 낸 영주 씨는 다소 들뜬 목소리로 말했다.

"오늘은 정말 기분 좋은 날이에요. 참으려고 해도 저절로 웃음이 새어 나오네요."

그녀는 하나를 하더라도 꾸준히 지속하고 몰입하는 것의 중요함을 실감했다며 환하게 웃었다.

뇌과학에 근거한 8주 프로젝트

자기 나름대로 열심히 노력하는데도 만족할 만한 성과를 내지 못해 힘들어하는 분들을 위해 만든 것이 '빅 커리어 8주 프로젝트'다. 공부를 안 하던 학생이 하루 이틀 벼락치기를 한다고 바로 좋은 성적을 거둘 수 없는 것처럼, 성과를 내기 위해서는 절대적으로 시간이 필요하다. 문제는 성과가 날 때까지 지치지 않고 집중하기가 어렵다는 점이다. 성과를 내겠다는 강한 의지가 있더라도 지속적인 실행은 쉽지 않다. 그렇다면 최소한 얼마나 지속해야 성과가 나타날까. 8주 프로젝트는 바로 이러한 물음에서 출발했다.

연말과 연초에는 다들 신년 계획을 세우느라 분주하다. '금연하기', '다이어트', '책 읽기', '승진하기' 등 야심 찬 계획들을 세운다. 계획 없이 새해를 맞이하는 사람도 있지만 보통 한두 가지의 목표는 가지게 된다.

기업은 개인보다 더 철저하게 신년 계획을 세운다. 직원들에게 올해 계획을 제출하라고 요구한다. 직급이 높으면 높을수록 선택이 아닌 필수다. 직장인의 신년 계획은 보여주기 식이 아니라 달성해야 할 목표이기 때문에 더욱 심혈을 기울여야 한다. 예상 가능한 변수와 돌발 상황까지 고려해 최대한 실현 가능성이 높은 계획을 세워야 한다.

하지만 개인 차원이든, 기업 차원이든 목표했던 계획을 모두 달성하기는 힘들다. 개인의 목표는 한 달이 채 되기도 전에 흐지부지되는 경우가 많고, 기업 차원의 계획도 도중에 제동이 걸리거나 불가피하게 수정해야 하는 경우가 많다.

실패의 원인은 다양하겠지만 가장 큰 이유는 앞날을 예측하기 어렵기 때문이다. 하루가 다르게 급변하는 요즘 시대에 미래를 정확하게 예측하기란 불가능하다. 예상 가능한 변수를 최대한 고려한다고 해도 복병을 만나 고전하는 경우가 비일비재하다. 살아 움직이는 것처럼 변화무쌍한 변수에 대응하기란 쉽지 않다.

8주 프로젝트가 힘을 발휘하는 것은 바로 이 때문이다. 1년 사이에 일어날 변화는 예측하기 힘들지만 8주라면 어느 정도의 예측이 가능하다. 8주 역시 충분히 변화가 있을 수 있는 기간이지만 상대적으로 변수가 크지 않다. 그만큼 예측대로 흘러갈 가능성이 높다. 또한, 4주는 무언가를 이루어 내기에는 너무 짧고 8주가 넘게 같은 일을 실행하다 보면 집중력이 떨어져서 그 이상 지속해봐야 더 나은 성과가 나오지 않을 가능성이 높기 때문이기도 하다.

예측이 가능하면 그만큼 실행 가능성도 커진다. 처음 가는 길이 힘든 이유는 언제, 어디서, 어떤 변수를 만날지 모르기 때문이다. 아무런 정보가 없는 상황에서 변수를 만나면 당황할 수밖에 없다. 그러나 예측 가능한 상황에서는 다르다. 설령 길이 멀고 험해도 언제, 어디서, 어떤 유형의 변수가 나타날지를 미리 알면 흔들리지 않고 목표에 도달할 수 있다.

선택과 집중이 가능하다는 것도 강점이다. 긴 기간을 설정하고 목표를 세우면 다소 욕심을 부리게 된다. 지나치게 많은 목표를 세우기도 하고, 현실 가능성이 없는 과한 목표를 세우게 되는 경우도 많다.

하지만 기간을 8주로 한정하면 자연스럽게 불필요한 거품을 뺄 수 있다. 8주는 충분히 목표를 달성할 수 있는 기간이지만 그렇다고 모든 목표를 이룰 수 있는 기간은 아니다. 결국 8주 안에 이룰 수 있는 목표만 선택하고 집중하게 된다. 8주 계획은 한눈에 들어올 정도로 구체적일 수밖에 없기 때문에 매일 무엇을 해야 할지가 명확해지고 실행 유무를 점검하기가 수월하다.

8주 프로젝트는 뇌 행동 양식에 근거를 두고 있다. 사람이 집중

8주 프로젝트 양식

8주 목표

매주 진행 여부를 점검하여 표시

☐ 진행x ⧄ 진행 중 ☒ 완료 ⇥ 연기

신규 사업 부문에서 2천만 원 수익 내기		프로젝트 기간 : 2017.01.02 ~02.27							
전술	패턴	1주	2주	3주	4주	5주	6주	7주	8주
8주 안에 추가 매출(최소 2백만 원)로...	일주일	☒	☒	⧄	⧄	☐	☐	☐	☐
일주일에 적어도 업체 5곳에 전화해서...	매주	☒	☒	☒	☒	☒	☒	☒	☒
일주일에 최소 신규 업체 2곳과 약속...	매주	☒	⧄	☐	☐	☐	☐	☐	☐
매출 그래프를 작성해 벽에 붙여두고...	매주	⇥	☐	☐	☐	☐	☐	☐	☐
매주 결과를 리뷰하고 계획 수정...	매주	⧄	☐	☐	☐	☐	☐	☐	☐
		☐	☐	☐	☐	☐	☐	☐	☐

력을 잃지 않고 무언가를 실행할 수 있는 최적의 기간이자, 익숙하지 않은 변화를 감내할 수 있는 최대 기간이 8주다. '8주 다이어트', '리더십 8주 과정', '8주 만에 자격증 취득하기' 등 많은 프로젝트들이 8주를 기본으로 하는 것은 우연이 아니다.

이제 8주 계획을 짜보자. 그동안의 코칭 경험을 바탕으로 누구나 쉽게 계획할 수 있는 양식을 만들었다. 양식은 기본적으로 8주 동안 이룰 목표와 그 목표를 달성하기 위한 전술, 진행 여부를 체크하는 식으로 구성되어 있다. 구조는 비교적 간단하다. 하지만 이 양식을 어떻게 채우는가에 따라 실행력과 성과는 달라진다.

우선 목표란에 8주 동안 이루려는 목표를 적는다. 한꺼번에 여러 가지 목표를 설정할 수도 있지만 처음에는 한 가지만 적는다. 지금껏 실행력이 부족해서 이렇다 할 성과를 내본 적이 없다면 한 가지에 집중하여 성공 가능성을 높이자.

또한 처음에는 8주 안에 이룰 수 있는 목표를 정하는 것이 좋다. 예를 들어 영어를 한 마디도 못하는 사람이 8주 만에 원어민 수준으로 영어를 하겠다는 목표는 세우지 말아야 한다. 언어 천재라도 불가능한 목표다. '간단한 여행 영어를 구사할 수 있을 만큼 공부하자' 정도의 현실성 있는 목표를 잡아야 한다. 중요한 것은 목표를 세우는 것보다 목표를 이루는 것이다. 작은 성공은 더 큰 목표를 이루는 데 도움이 된다. 목표는 구체적이고 평가하기 쉽게 표현하자. '신규 사업 분야에서 2천만 원 수익 내기', '매출 200퍼센트 올리기', '책 100권 읽기'처럼 구체적일수록 좋다.

전술도 마찬가지다. 구체적이면서도 현실적이어야 한다. 예를 들어 '고객에게 전화한다'보다 '하루에 세 명에게 전화한다'가 구체적이고, 실행 가능성도 높다. 지금껏 한 번도 기존 고객에게 다른 고객을 소개해달라고 부탁해본 적이 없는 영업사원이 '고객을 만날 때마다 신규 고객 소개를 부탁한다'는 전술을 세우면 어떨까. 마음의 부담이 너무 커져서 실행하지 못할 가능성이 오히려 크다. '매주 한 번은 신규 고객 소개를 부탁한다'가 더 현실적이고 적절한 전술이다.

또한 전술의 내용 못지않게 그 전술을 실행할 기한을 정하는 것도 중요하다. 기한이 정해져 있을 때와 그렇지 않을 때의 실행력 차이는 크다. 약간의 강제력이 생기면 실행하기가 더 쉬워진다.

8주는 결코 짧지 않은 시간이다. 마라톤처럼 힘을 적절히 배분하여 지치지 않고 골인하는 것이 중요하다. 성과는 시간에 그대로 비례하지 않는다. 어느 순간까지는 지지부진한 듯 보이다가도 갑자기 비행기가 이륙하듯 놀라운 성과를 내는 경우도 있다. 7주까지는 별 성과가 없다가 8주째에 폭발적인 성과를 내는 경우도 흔하다. 그래서 끝까지 지속하는 것이 더 중요한 것이다. 마지막 8주째에 한꺼번에 결실을 맺을지도 모르는데 7주째에 포기한다면 그것만큼 안타까운 일도 없다.

전두엽을 활용한 8-56-33 프로젝트

성과를 극대화하는 빅 커리어 모델 중 빼놓을 수 없는 것 중 하나가 '8-56-33 프로젝트'이다. 이 프로젝트는 김승호 회장님의 '100일 동안 목표 100번 쓰기'를 모태로 만든 프로젝트다. 김밥파는 CEO 김승호 회장님의 예사롭지 않은 이력은 단숨에 나를 매료시켰다. 1987년 중앙대를 중퇴하고 미국으로 건너간 그는 일곱 번이나 사업에 실패하면서 빈털터리가 됐다. 낯선 나라에서 실패를 딛고 다시 일어서기란 쉽지 않았을 것이다. 그럼에도 그는 무일푼에서 다시 시작해 미국이 주목하는 CEO가 됐다. 현재 그가 운영하는 글로벌 회사 짐킴홀딩스(Jimkim Holdings)의 연매출은 3천억 원에 달하며 도시락 매장은 매장 수만 미국과 유럽 등지에서 1,300여 개가 넘는다.

나는 그가 여러 번의 실패를 딛고 10년 만에 성공을 이룬 비결이 궁금했다. 그가 말하는 비결은 의외로 단순했다. 그는 이루고 싶은 목표가 생기면 100일 동안 하루에 100번씩 종이에 적었다고 한다. 목표를 이룬 모습을 상상하면서 적고, 적은 내용을 입으로 되뇌었더니 목표가 현실이 되었다고 한다.

흔히 간절히 바라면 이루어진다고 한다. 그래서 100일 동안 매일 원하는 것을 100번씩 쓰는 것을 간절함의 표현이라고 이해하는 사람들이 있다. 사실 간절함이 없다면 불가능한 일이다. 도중에 중단한다면 간절하지 않은 목표라고 볼 수도 있다. 그러나 간절한 마음을 담는 것만이 전부가 아니다. 본질은 다른 데 있다. 목표를 적으면서 어떻게 하면 그 목표를 달성할 수 있을지를 고민하고, 꼭 그 목표를 이루겠다는 의지를 다지는 것이 100번 쓰기의 본질이다.

그렇다. 100번 쓰기의 본질은 '생각'이다. 목표를 쓰면서 그에 대한 생각을 거듭하다 보면 생각이 발전한다. 생각이 발전하면 목표를 이루는 데 도움이 될만한 아이디어가 떠오른다. 생각들이 끈으로 연결된 것처럼 생각은 하면 할수록 더 많이 떠오르며 그 내용도 구체화된다.

이처럼 생각의 끈을 만드는 데 그 본질이 있기 때문에 꼭 100일 동안 100번을 써야 할 필요는 없다. 김승호 회장님도 테크닉이 아닌 본질이 중요하다고 늘 강조한다. 생각을 통해 아이디어를 떠올

8-56-33 프로젝트 양식

목표 _____ (일차)

1 _____	**Idea**
2 _____	Today
3 _____	☐
4 _____	☐
5 _____	☐
6 _____	☐
7 _____	☐
8 _____	
9 _____	Future
10 _____	☐
11 _____	☐
12 _____	☐
13 _____	☐
14 _____	☐
15 _____	
16 _____	**Action**
17 _____	
18 _____	Today
19 _____	☐
20 _____	☐
21 _____	☐
22 _____	
23 _____	Future
24 _____	☐
25 _____	☐
26 _____	☐
27 _____	
28 _____	**걸림돌 및 해결 방법**
29 _____	
30 _____	
31 _____	
32 _____	
33 _____	

Why

리고 실행하는 것이 그가 말하는 본질이다.

이를 반영하여 만든 '8-56-33 프로젝트'는 8주, 즉 56일 동안 매일 33번씩 목표를 쓰는 것이다. 김승호 회장님의 방식보다 기간과 횟수가 줄었지만 프로젝트를 진행해본 결과 효과는 동일했다. 이 프로젝트의 본질은 생각하는 힘을 키우고 성과를 내도록 돕는 것인 만큼, 양식에 생각의 끈과 실행의 끈을 만들 수 있는 요소를 더했다. 다만 8주 프로젝트처럼 너무 간단한 목표는 8-56-33 프로젝트에 적합하지 않다. 프로젝트 양식을 보면 오른쪽에 아이디어와 실행 내용을 적는 칸이 있다. 단순히 목표만 적는 것이 아니

8-56-33 프로젝트 양식 적용 사례

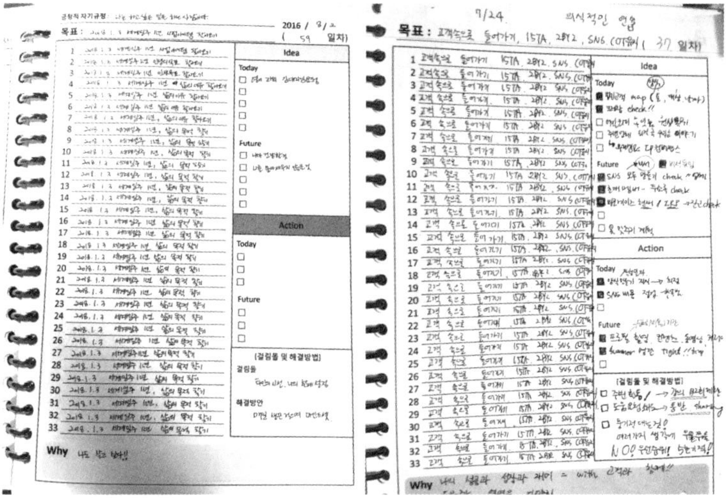

라 그 목표를 이루는 데 도움이 될만한 아이디어를 고민하고 이를 실행해야 한다. 그렇기에 목표가 너무 간단하면 아이디어가 잘 나오지 않을 수 있다.

'아이디어'와 '실행'은 오늘과 미래로 구분되어 있는데, 아이디어의 경우 너무 구분하려 애쓰지 않아도 된다. 다만 실행은 당장 오늘 할 수 있는 것과 시간을 두고 실행해야 할 것을 반드시 구분해야 실행력을 높일 수 있다.

56일 동안 어떻게 매일 새로운 아이디어를 낼 수 있을까 걱정하는 분들도 있는데, 미리 걱정할 필요는 없다. 간절한 목표라면 아이디어는 저절로 나오며, 생각은 하면 할수록 힘이 커지기 때문에 멈추지 않는 한 아이디어는 끊임없이 떠오른다.

"정말 신기해요. 더 이상 나올 아이디어가 없을 것 같았는데, 신기하게도 목표를 쓰다 보면 새로운 아이디어가 계속 나와요."

프로젝트에 참여했던 분이 실제로 한 말이다. 목표를 쓰면 쓸수록 아이디어는 넓어지고 깊어지며 새로운 아이디어가 떠오르면서 이미 나왔던 아이디어가 더 구체화된다.

'걸림돌 및 해결 방법'을 생각하는 것도 중요하다. 무언가를 실행하려고 하면 꼭 걸림돌이 나타난다. 미처 예상 못했던 변수일 수도 있고, 원래부터 가지고 있던 문제나 환경적인 요인일 수도 있다. 무엇이 됐든 걸림돌이 될만한 요인을 어떻게 제거할 수 있을지 고민해야 한다. 실행을 방해하는 걸림돌만 제거해도 실행력은 높아진다.

마지막으로 아이디어를 실행할 수 있는 시간을 확보해야 하는데, 막연하게 하루에 30분 정도 시간을 내서 실행하겠다는 식으로 정하면 안 된다. 언제, 얼마의 시간을 사용할 것인지 확실히 구체적으로 정해둬야 한다.

생각의 힘은 생각보다 크다. 생각이 곧 자신이다. 어떤 생각을 하며 사느냐에 따라 삶이 결정된다고 해도 과언이 아니다. 생각은 생각으로 그치지 않고 어떠한 형태로든 행동으로 이어지기 때문이다. 예를 들어 어려움이 닥쳤을 때 '나는 이 어려움을 극복할 수 있다'고 생각하면 해결 방법을 생각하게 된다. 마음의 여유가 없어서 일이 꼬였다는 생각이 들면 어떻게든 마음을 편안하게 하려고 노력할 것이고, 사람들과의 갈등이 문제라고 생각하면 갈등을 해결하려고 시도할 것이다.

반대로 '어떻게 해도 문제를 해결할 수 없다'고 생각하면 상황은 부정적인 방향으로 흘러간다. 부정적인 생각은 비관하고 절망을 동반하며 상황을 더 어렵게 만들 것이다.

이처럼 생각은 생각을 낳는다. 생각의 끈이 길게 이어지다 보면 자연스럽게 실행으로 연결된다. 실행을 반복하다 보면 실행의 끈이 생기고, 실행의 끈은 결국 성과로 나타난다. 생각의 끈이 실행

8-56-33 프로젝트의 효과

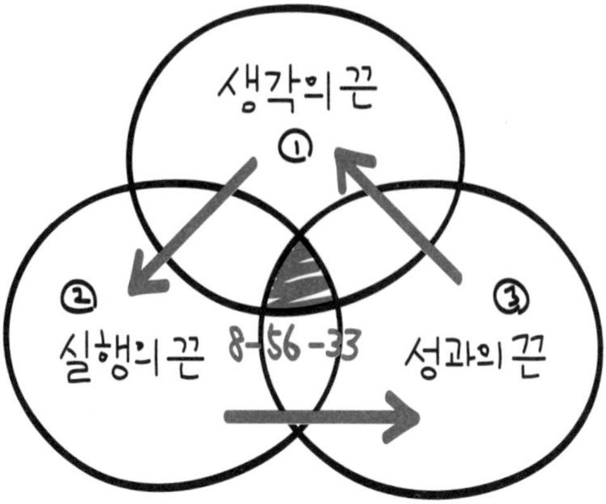

의 끈으로 이어지고, 실행의 끈이 성과의 끈으로 이어지는 것이다.

간혹 "목표를 키보드로 타이핑하면 안 되나요?"라고 묻는 분도 있다. 안 될 것은 없다. 그러나 손으로 썼을 때보다 효과가 많이 떨어진다. 손을 사용하면 전두엽이 활성화되지만 키보드를 사용하면 기저핵이 활동한다. 전두엽이 이성적으로 생각하고 학습하는 데 관여하는 뇌라면 기저핵은 반복 학습을 통한 몸의 기억에 관여하는 뇌다. 피아노 연습을 반복하면 머리로 생각하지 않아도 손가락이 건반을 기억해 두드리는 것과 같다. 기저핵은 생각하는 힘을 키운다기 보다 습관을 들이는 데 관여하는 뇌인 셈이다. 어느새 아무 생각 없이 키보드를 두드리는 자신을 보게 될 것이다. 손으로 쓰면 빠르게 쓰기 어려우니 자연스럽게 생각을 하게 되고 전두엽이 활성화되면서 생각하는 힘이 생기게 된다. 그래서 되도록 손으로 쓰는 것을 권한다.

8-56-33 프로젝트는 생각의 끈, 실행의 끈, 성과의 끈을 만들 수 있는 프로젝트다. 생각하는 힘이 약한 사람은 단번에 성공하지 못할 수도 있다. 하지만 괜찮다. 생각의 끈만 만들어도 큰 성과다. 생각의 끈을 만들면 실행의 끈과 성과의 끈을 만들기가 한결 수월해진다. 그러니 세 개의 끈을 한 번에 만들려고 하지 말고 8주에 걸쳐 하나씩 이루어낸다는 생각으로 천천히 시도하자. 어느새 놀라운 성과를 내 한 발자국 더 빅 커리어에 가까이 간 자신을 발견할 것이다.

지속 가능한 실행을 한 사람들

사람마다 유독 약한 부분이 있다

문형록 반석기초이앤씨(주) 대표

실행력이 약해 고민하던 분들이 8주 프로젝트를 통해 성과를 얻은 사례는 많지만, 가장 인상 깊었던 사례는 문형록 대표의 사례다. 문 대표는 실행력이 아주 뛰어난 편이다. 그렇지 않고서는 불과 10년 만에 회사를 연매출 300억 원의 회사로 성장시키지 못했을 것이다.

반석기초이앤씨는 회사 이름에서도 짐작할 수 있듯 말뚝 시공, 지하실을 위한 토목공사 및 흙막이 가시설 등 건물의 '지반 및 기초 보강'을 전문으로 하는 업체다. 문 대표는 특화된 기술만이 시장에서 살아남는다는 일념으로 끊임없이 기술 개발에 힘썼고, 현재는 반석기초이앤씨만의 특허 등록과 디자인 등록, 상표 등록 등을 40여 건 가까이 보유하게 되었다.

누구나 인정하는 기업으로 성장하기까지 어려움도 많았지만 끊임없이 기술을 개발하면서 경쟁력을 키웠다. 가야 할 방향이 정해지면 고민하지 않고 뚝심 있게 밀어붙이는 문 대표의 실행력이 오늘날의 반석기초이앤씨를 만들었다고 해도 과언이 아니다.

하지만 그런 문 대표가 유일하게 실행력을 발휘하지 못하는 분야가 있었다. 바로 체중관리다. 처음 문 대표를 만났을 때 그는 170센티미터에 94킬로그램이었다. 체중이 많이 나가긴 했지만 워낙 인상이 좋고 자신감이 넘쳐 보여서 체중 때문에 스트레스를 받을 것 같지는 않은 이미지였다.

"아닙니다. 살 때문에 스트레스 많이 받아요. 동창회라도 나가면 모두 살 빼라고 난리도 아닙니다. 누군들 빼고 싶지 않겠어요? 좋다는 다이어트는 다 해봤는데도 안 빠지는 걸 어쩌나요. 너무 화가 나서 한동안 동창회에 안 나갔다니까요."

문 대표처럼 실행력이 뛰어난 사람이 체중관리에 어려움을 겪을 거라고는 미처 생각지 못했다. 아마 체중 감량의 필요성을 느끼지 못해서 시도하지 않았을 것이라 짐작했는데, 그렇지 않다는 얘기를 듣고 조금 놀랐다. 그러나 사람마다 유독 약한 부분이 있게 마련이다. 실행력이 뛰어난 사람도 그 부분에서 여러 차례 도전과 실패를 반복하다 보면 점점 주저하게 된다.

다이어트에 지쳐 있던 그가 다시 의지를 불태우게 된 것은 '건강 독서 8주 프로젝트'에 참여하면서부터다. 그는 건강 독서 프로그램이 있다는 것을 알고 바로 관심을 보였다.

문 대표는 8주 동안 참여한 사람들 중 가장 큰 성과를 냈다. 첫 주부터 효과가 나타나기 시작하더니 프로그램이 끝날 즈음에는 체중이 10킬로그램이나 줄었다. 이후에도 추가로 2킬로그램을 더 감량하여 지금은 처음 만났을 때와 비교하면 전혀 다른 사람 같다.

살만 빠진 것이 아니라 건강도 무척 좋아졌다고 한다. 문 대표는 약 8년 동안 고혈압, 성인병, 당뇨, 고지혈증 등을 예방하는 약을 복용해왔다고 한다. 그냥 두면 질병으로 진행될 수 있으니 예방 차원에서 복용하라는 의사의 권유 때문이었다.

하지만 독서 프로그램을 시작하면서 양약은 질병의 원인을 치료하는 것이 아닌 증상을 치료하는 데 목적이 있으며, 복용 시 증상은 완화되지만 부작용이 생길 수도 있다는 사실을 알게 되었다. 성인병 예방을 위한 약을 너무 오래 복용하면 혈관을 굳게 만들어 각종 심혈관 질환을 유발할 수 있다는 것도 알았다. 그래서 그는 과감하게 약을 끊었다.

대신 독서를 통해 얻은 지식을 토대로 건강을 관리하기 시작했다. 식이요법과 운동을 병행하며 생활 습관을 교정하고, 혈압계, 혈당계, 염분 측정기를 구입해 수시로 건강을 체크했다.

"건강에 대한 지식을 기반으로 내 몸을 이해하고 다이어트를 하니 실행을 지속하기가 한결 수월하네요."

그렇다. 실행력의 본질은 이해에 있다. 무조건적인 실행은 지속력이 약하다. 왜 실행해야 하는지, 결과에 어떤 영향을 미칠지를 명확히 이해하면 실행 지속력이 높아진다.

문 대표가 꼽는 또 하나의 성공 요인은 '피드백과 결단'이다. 공동의 관심사를 가진 사람들이 모여 서로 격려하고 의견을 주고받는 시스템이 다이어트를 지속하는 데 큰 도움이 됐다고 한다. 또한 그는 8주 프로그램을 수행하는 동안 주변을 깔끔하게 정리했다. TV도 보지 않고 불필요한 만남도 줄였다. 오랫동안 익숙해진 것을 끊고 새로운 실행에 방해가 될만한 요소를 제거하는 것이 성공의 필수 요건이라는 그의 지론 때문이다.

"의사 선생님이 저에게 박수를 쳐줬습니다. 저처럼 1년 사이에 급격하게 건강이 좋아진 경우는 드물다면서요. 약도 더 이상 먹지 않아도 된다고 하셨어요."

8주 프로그램은 끝났지만 문 대표의 건강 관리는 현재 진행형이다. 다이어트에 성공하고 원래도 활력이 넘치는 분이 더욱 의욕적으로 변했다. 남양주에 '다산나비'라는 독서 모임을 만들어 운영 중이며 회사 직원들을 대상으로 2주에 한 번씩 독서경영도 실행하고 있다. 가능한 한 여럿이 함께해야 지속력이 좋아지는 것을 누구보다 잘 알고 있기 때문이다.

문 대표가 추구하는 '바른 성장'은 직원과 회사가 함께 성장하는 것이다. 그는 직원 성장을 위해 해외박람회에 가능한 한 많은 직원들이 참여할 수 있게 지원하고, 참관 후 자유여행 일정을 주는 프로그램을 시행하고 있다. 장기근속자에게는 기간에 따라 여행 특전을 주는 복지도 있다. 직원 교육에 비용을 아끼지 않는 이유는 문 대표가 추구하는 기업의 비전이 '가장 근무하고 싶은 회사'이기 때문이다. 그를 보고 있으면 비전이 현실이 될 날이 머지않아 보인다.

지속 가능한 실행을 한 사람들

더 큰 그림을 그려야 한다

유주영 교보생명 재무설계사

'8주 프로젝트'와 '8-56-33 프로젝트'만 잘 따라 해도 실행력을 강화할 수 있지만 문제는 지속력이다. 아무리 실행력이 강한 사람도 흔들리는 순간이 있기 마련이다. 슬럼프에 빠지기도 하고 의욕은 있지만 방법을 몰라 방황할 수도 있다. 넘어져도 다시 일어서는 오뚝이처럼 중심을 바로 잡고 다시 실행할 수 있는 사람이 진짜 실행력이 강한 사람이다. 바로 유주영 씨가 그렇다.

2015년 초에 유주영 씨를 만났다. 당차고 열정이 넘치는 인상이었는데, 아니나 다를까 그녀는 이미 실행력과 성과를 높일 방법을 치열하게 고민하고 있었다. 해결책을 찾다가 우리 회사의 문을 두드린 것이다. 유주영 씨는 2010년에 교보생명에 입사해 지금까지 열정적으로 일하고 있다. IT 기업에서 14년간 영업을 하던 그녀가 보험에 뛰어든 데는 경제적인 이유가 컸다. 재테크에 관심이 많은 그녀는 부동산에 큰돈을 투자했다. 그러나 2008년 서브프라임 모기지 사태가 터지면서 부동산 경기가 급속도로 침체되기 시작했다. 그녀가 내야 하는 대출 이자는 한 달에 280만 원이 되었다. 맞벌이를 할 때는 감당할 만했는데 둘째를 낳고 육아휴직을 하면서 상황은 걷잡을 수 없이 나빠졌다.

상황이 나아지기만을 가만히 기다릴 수만은 없다고 생각한 그녀는 이자를 갚으면서 버티기보다 적극적으로 돈을 벌겠다는 마음으로 보험 회사에 입사했다. 치열하게 일한 덕분에 성과는 남들보다 좋은 편이었지만 최상위 실적을 내는 사람들에 비하면 턱없이 부족했다.

"똑같이 일하는데 왜 이토록 차이가 나는지 궁금했어요. 그들처럼 목표 설정도 해보고, 다이어리를 쓰면서 시간 관리와 고객 관리를 해봐도 잘 안 되더라고요."

그녀는 성과를 높일 수 있는 방법을 찾고 싶어서 4개월 동안 유튜브를 뒤지며 '목표 설정', '시간 관리'라는 키워드로 검색하면 나오는 거의 모든 동영상을 봤다고 한다. 수많은 영상 중 마음이 끌리는 강의가 있었는데, 바로 강규형 대표의 강의였다. 흥미가 생긴 그녀는 강규형 대표의 책인 『성과를 지배하는 바인더의 힘』을 구입해 읽기 시작했다. 그녀는 당시 이미 목표 설정과 시간 관리에 관한 웬만한 책은 독파한 상태였다. 하지만 대부분 '해야 한다'는 말만 반복하고 구체적으로 '어떻게 하라'는 솔루션이 없어 답답하던 차였는데 이 책은 달랐다. 구체적인 해법을 제시해주는 내용에 감명받아 책을 세 번이나 정독했고 부록으로 제공된 바인더를 쓰기 시작했다.

바인더는 그녀가 구체적인 시간 계획을 실행할 수 있게끔 도와주는 강력한 툴이었다. 그녀는 바인더를 쓰면서 성공 가능성을 확인할 수 있었다. 바인더가 성과에 대한 답을 줄 것이라는 확신이 생기자마자 바로 3P자기경영연구소로 찾아가 바인더 과정을 들었다. 그 결과 그녀는 1년 만에 작년의 두 배가 넘는 성과를 낼 수 있었다.

하지만 또 다른 문제가 생겼다. 바인더를 쓰면서 생각이 확장되었지만 업무 몰입도가 약해졌다. 성과도 다시 내리막길을 걷기 시작했다. 이래서는 안 되겠다 싶은 생각에 그녀는 빅 커리어 8주 프로젝트에 참여했다.

프로젝트를 진행하며 유주영 씨는 문제는 시간 관리가 아닌 집중력에 있다는 사실을 알게 되었다. 열정이 많다 보니 벌리는 일이 너무 많았다. 특히 2016년에는 외부 교육을 너무 많이 들었다. 공부하지 않으면 성과가 나지 않을 거라는 생각으로 실행한 부분이었지만 과했다. 물리적으로 해야 할 일이 많으니 힘이 분산되어 이렇다 할 성과가 나지 않은 것이다.

집중력의 필요성을 느낀 그녀는 '8-56-33 프로젝트'에 매진했다. 매일 '고객에게 집중하자'는 말을 33번씩 쓰면서 집중력을 키웠다. 8주간의 프로젝트를 끝내자 성과가 가시화되기 시작했다. 대형 고객과의 계약을 연거푸 체결하면서 단숨에 상반기 부진을 떨쳐내고 성과를 끌어올릴 수 있었다.

"다 고객에게 집중한 덕분이에요. 고객만 생각하니까 신기하게도 언제, 어떻게 도움을 줘야 할지 떠오르더라고요. 다양한 실행도 좋지만 한 가지에 집중해서 실행할 때 더 확실한 효과가 있다는 것을 알 수 있었어요."

목표를 달성한 그녀는 또 다른 목표로 향해 프로젝트를 실행하고 있다. 일명 'Do COT For TOT' 프로젝트다. COT는 연봉 3억, TOT는 연봉 6억을 받는 재무설계사를 의미한다. 8-56-33 프로젝트와 함께 실행력에 집중한 결과 가까운 미래에는 TOT가 될 것을 믿어 의심치 않는다.

잠시 고전했던 그녀는 현재 온전히 실행력을 회복하고 더욱 큰 그림을 그리고 있다. 자신의 이익보다는 고객을 먼저 생각하고 고객에게 집중해 고객이 필요로 하는 서비스를 제공할 계획이다. 회사의 시스템을 넘어 그녀 스스로 구축한 네트워크를 활용해 종합 서비스를 제공하겠다는 계획을 짜고 있다.

유주영 씨는 이미 생각을 실행으로 연결하는 힘을 갖췄다. 이제 그녀는 잠시 흔들린다고 해도 금세 제자리로 돌아갈 수 있는 힘을 갖췄으니 계획이 현실이 되는 것은 시간문제일 것이다.

4장

어떻게 업을 완성할 것인가

: 과거와 현재와 미래의 연결고리

현장에는 저마다의 언어가 있다

빅 커리어를 만들기 위해서는 현장 본깨적을 충실하게 실행해야 한다. 그런데 왜 '현장'일까. 현장을 제대로 이해하지 않고 성과를 내는 건 불가능하기 때문이다. 현장의 중요성은 아무리 강조해도 모자라다. 그래서 본깨적 즉 업의 발견, 실행, 완성 과정은 현장을 기본 중심축으로 한다.

현장은 단순하지 않다. 여러 변수에 의해 끊임없이 변화하는 유기체에 가깝기 때문에 한 번 본깨적을 실행했다고 끝이 아니다. 언제나 촉을 세우고 주의 깊게 살펴야 한다.

독서경영 컨설팅을 시작한 지 9년이 흘렀다. 처음 시작할 때는 단순히 책을 소개하고 독서 모임을 조직하는 일이라고 생각했다. 하지만 시간이 흐르면서 독서경영이 그저 책을 읽는 것에 그치지 않고, 개인을 변화시키고 나아가 조직을 혁신시킨다는 것을 알게 되었다.

독서경영을 통해 눈에 보일 만큼 성과를 올린 조직이 대부분이지만 똑같이 컨설팅을 했는데도 성과가 저조한 경우도 있다. 같은 사람이 같은 컨설팅을 하는데도 왜 결과가 다를까. 수많은 시행착오를 겪은 후에야 답을 찾을 수 있었다.

독서경영 컨설팅을 받은 업체는 국가 기관, 제조업, 유통업, 금융업, 서비스업, 출판업 등 업종도 규모도 다양했다. 업체마다 현장이 각각 다르지만 비슷해 보이는 현장도 있다. 완전히 새로운 현장보다 애매하게 비슷한 현장이 오히려 더 컨설팅하기 어려웠다. 좋은 결과를 낸 사례를 바탕으로 컨설팅을 했는데도 어찌된 일인지 엉뚱한 결과가 나오는 일이 비일비재했다.

내 전략이 미흡했기 때문일 수도 있지만 CEO나 임원들의 협력이 불충분한 경우, 부정적인 직원들을 설득하지 못한 경우에도 원하는 성과가 나오지 않았다. 이런저런 당황스러운 경험으로 깨달은 것이 한 가지 있다면 단순한 비즈니스 정신만으로는 현장을 장악하지 못한다는 사실이다. 같은 업종이라도 일하는 사람은 다르다. 구성원이 다르면 당연히 현장도 다른데, 동일한 현장이라 간주하고 컨설팅을 했으니 결과가 좋을 리 만무했다.

현장에는 저마다의 언어가 있다. 어떤 현장은 확신을 갖고 이야기하는 것을 좋아하고, 어떤 현장은 신중하고 조심스럽게 소통하는 것을 선호한다. 나는 종종 현장의 소통 방식을 파악하지 못하고 지나친 자신감으로 오해를 부르거나 신뢰를 잃기도 했다. 반대로 너무 조심스러워 만족을 주지 못했다는 피드백을 들은 적도 있다.

이러한 혹독한 실전 수업을 치르고 나서야 해당 구성원의 눈으로 현장을 이해하려고 노력하게 되었다. 그러자 비로소 고객이 원하는 맞춤형 컨설팅을 할 수 있게 됐고 성과도 뒤따라왔다. 현장을 기반으로 하지 않은 본깨적은 반쪽짜리에 불과하다는 것을 깨달은 뒤 독서 본깨적에서 한 걸음 더 나아가 현장을 온전히 보기 위한 본깨적 프로젝트를 시작한 것이다.

현장에 대한 이해가 부족한 탓에 원하는 성과를 얻지 못하는 정도라면 그나마 다행이지만, 성과는커녕 조직이 뿌리째 흔들려서 현장 자체가 사라지는 결과를 초래하는 경우도 있다. 대표적인 사례가 남해안과 동해안에 형성된 산업단지 일명 '남동벨트'다.

남동벨트의 주력 산업은 조선업이다. 이미 언론을 통해 조선업이 위기인 것은 잘 알고 있었지만 실제로 현장에 가보면 더 참담하다. 분주하게 움직여야 할 고가의 장비는 맥없이 늘어져 있고, 북적였던 분위기는 온데간데없이 조용하다. 조선업은 1990년 이후 무려 20년 동안 호황을 누렸다. 국가적 위기였던 IMF 때에도 조선업 경기만큼은 예외적으로 좋았다. 그랬던 조선업이 왜 시련을 겪고 있을까.

이유는 여러 가지다. 2000년대 중반부터 조선업에 본격적으로 뛰어든 중국의 영향도 있었지만, 막대한 이익을 냈으면서도 기술 개발에 소홀했던 것도 큰 원인이다. 다른 요인도 있겠지만 이 모든 원인은 전부 현장에서 출발한다.

한창 좋은 시절에는 현장도 활기차고 건강해 보인다. 조선업도 그랬을 것이다. 날로 번창하는 겉모습에 취해 현장 깊숙한 곳을 들여다보지 못했을 것이다. 그래서 혹독한 대가를 치르고 있는데도 여전히 현장을 제대로 이해하지 못하는 듯하다.

대체 현장이란 무엇일까? 고인이 된 스티브 잡스는 2005년 스탠포드대학교 졸업식에서 '점을 잇는 것(Connecting the dots)'에 대해 연설했다. 이는 과거의 어떤 경험이 현재와 미래와 연결된다는 의미인데, 그대로 우리나라 조선업에도 적용할 수 있다. 오늘의 현장은 과거의 현장과 미래의 현장을 잇는 연결점이다. 과거가 없는 오늘이 없고, 오늘이 없는 미래가 있을 수 없으므로 당연한 결과일 것이다.

이처럼 현장이 과거를 반영하고 미래를 잇는 것임에도 국내 조선업은 당장 눈앞에 보이는 현실만으로 판단해 구조조정을 단행했다. 앞이 보이지 않는 어둠 속에서 인원 삭감에만 매달린 결과, 현장은 피폐해졌을 뿐 아니라 본래 유지해야 할 현장의 감각이나

지혜까지 잃어버렸다. 구조조정이라는 안이한 방책에 매달린 결과, 현장은 결코 잃어서는 안 될 조직력까지 잃게 된 것이다.

현장의 겉모습만 보면 현장에서 가장 중요한 동력이 사람이라는 것을 미처 보지 못한다. 현장의 힘은 곧 인력의 경험치가 모여서 만들어진다. 개개인의 커리어가 모여 현장의 힘이 되는 것이다.

국내 조선업의 가장 큰 문제는 위기를 현장의 관점에서 보고 해결하려는 움직임이 없었다는 점이다. 현장의 핵심 주체인 인력을 배제하고, 부도난 금액을 어떻게 지원해야 할지에만 골몰하고 있다. 현장의 노하우를 지닌 주체들이 빠진 현장의 미래가 어떻게 될지는 불 보듯 뻔하다.

조선업의 현실은 우리 모두의 현실이기도 하다. 자신이 속한 현장의 겉모습이 아닌 본질을 보지 못하면 누구라도 현장을 통째로 잃어버릴 수 있다.

현장의 본질을 보려면 깊은 통찰이 필요하다. 일상적 루틴에 빠져 있으면 본질을 놓치고 겉모습에 현혹되기 쉽다. 그래서 현장을 깊숙이 들여다보고, 지속적으로 성장하는 현장을 만들기 위해 무엇이 필요한지를 깨닫고, 실제로 적용하려는 발견, 실행의 과정이 꼭 필요하다. 그 과정을 거쳐야 업의 완성이 가능하다.

현장을 강화하는 1-1-1 법칙

현장의 현재는 과거를 반영하고 있고 앞으로 다가올 미래에도 영향을 미친다. 과거에 결정했던 일이 현재와 미래에 지속적으로 상호작용을 일으키며 현장을 변화시킨다. 따라서 아무리 좋은 현장, 비범한 현장이라도 주기적으로 점검하고 강화할 필요가 있다.

현장은 자동차 엔진과 같다. 자동차는 주행한 지 5년이 지나면 서서히 이상 증상이 나타난다. 특히 엔진이 처음처럼 부드럽게 움직이지 않는다. 하지만 그 차이가 미미해서 상태를 정확히 파악하지 못하고 당장 문제가 없으니 그냥 넘어가기 쉽다. 그러다 결국 심각한 문제가 생긴 후에야 지금껏 점검하지 않은 것을 후회한다.

자동차를 오래, 안전하게 타려면 점검과 수리는 필수다. 모든 부속이 다 중요하지만 핵심 역할을 하는 것은 엔진이므로 특히 엔진

만큼은 꼭 점검해야 한다. 그렇지 않으면 20년 이상 탈 수 있는 차를 10년도 채 못 타고 폐차하게 될 수 있다.

중요한 사실은 차는 다시 구입하면 되지만 현장은 그럴 수 없다는 점이다. 현장이라는 엔진이 멈추면 조직은 회복하기 어려울 정도로 붕괴된다. 그런 불상사가 일어나지 않으려면 현장이라는 엔진을 끊임없이 정비해야 한다. 그렇다면 어떻게 해야 현장을 정비할 수 있을까.

방법은 생각보다 쉽다. '1-1-1 법칙'을 따르면 된다. 자동차를 탈 때 특별한 이상이 없어도 1만 킬로미터를 운행한 후 엔진오일을 넣어주는 것과 이치가 비슷한 법칙이다. 1-1-1 법칙의 내용은 다음과 같다.

1. 하루 한 시간 방해가 전혀 없는 상태에서 집중해 일을 한다.
2. 하루 한 번 어제와 다른 일을 시도한다.
3. 하루 한 사람(고객, 동료)의 요구를 해결한다.

이 방법은 조직은 말할 것도 없고, 개인에게도 효과가 있다. 어느 날 내 강의를 들었던 분이 문자 메시지를 보내왔다.

"1-1-1 법칙으로 일하면서부터 평생 쌓아온 습관을 조금씩 벗어나기 시작했어요. 다람쥐 쳇바퀴 같은 일상에도 변화가 생겼습니다. 동료들이 제게 변했다고 이야기하는 걸 보면 신기합니다."

법칙은 간단하지만 효과는 크다. 1-1-1 법칙 중 첫 번째와 두 번째 항목은 비교적 간단하게 실행할 수 있다. 하지만 세 번째는 그리 간단치가 않다. 특히 고객의 요구 사항을 잘 모르면 문제가 된다. 이럴 때는 고객에게 개선이 되었으면 하는 사항이 있는지 먼저 의견을 들어보자.

고객의 개선 요청이 무리하게 느껴질 수도 있다. 내가 컨설팅했던 제조업체에서 있었던 일이다. 대표가 1-1-1 법칙에 따라 고객에게 개선 요청 사항이 있는지 물었더니, 고객이 너무 무리한 요구를 해온 것이다. 원가 구조를 30퍼센트 절감하고, R&D를 통해 새로운 제품을 납품하고, 배송이 늦지 않게 언제나 이틀 전에 입고해 줄 것을 요구했다.

대표나 회사 내부에서는 현실적으로 너무 어려운 요구라며 어쩔 줄 몰라 했다. 하지만 어려운 요구이니만큼 해결했을 때의 효과는 클 것이라는 생각도 들었다. 고민 끝에 그나마 쉽게 접근할 수 있는 세 번째 요구에 집중하기로 했다. 조직원들과 대표, 나는 어떻게 하면 요구를 해결할 수 있을지 머리를 맞대고 고민했다.

궁하면 통하는 법, 결국 방법을 찾았다. 거래처가 주문 방식을 조금만 바꿔주면 이틀 전 입고가 가능했다. 거래처의 협조가 필요한 방법이라 거래처 대표님을 만나 설득했다. 다행히 거래처 대표님은 제안한 주문 방식을 흔쾌히 수락했고, 몇 년 동안 지속되었던 입고 지연 문제는 명확한 솔루션으로 해결됐다.

이처럼 하루에 한 명의 요구를 해결하는 일은 현장을 더욱 강하게 만드는 데 일조한다. 아무리 작은 요구라고 해도 해결하는 과정에서 자신감이 쌓이기 마련이다. 문제를 해결할수록 자신감은 커지고, 동시에 현장의 힘도 강해진다. 지금껏 컨설팅을 하면서 이 법칙으로 현장을 강하게 만들고, 성과를 낸 개인과 조직을 수도 없이 봤다.

1-1-1 법칙을 매일 실행하기가 어렵다면 주 1회라도 도전해보자. 바인더를 함께 쓴다면 금상첨화다. 1-1-1 법칙과 더불어 현장이라는 엔진이 녹슬지 않도록 정비하는 데 바인더만한 도구가 없다. 그러나 구슬이 서 말이어도 꿰어야 보배라는 말처럼 실행하지 않으면 의미가 없다. 강규형 대표와 나의 현장 바인더 서재 사진을 보고 여러분들도 같은 길을 걸을 수 있기를 바란다.

강규형 대표 현장 매뉴얼 바인더 1000권

박상배 대표 현장 매뉴얼 바인더 700권

마인드에 따른 변화

변하지 않는 현장은 고인 물과 같다. 고인 물에서는 고기가 살 수 없고 결국엔 썩어간다. 변하지 않는 현장에서는 커리어가 발전하기 어렵다. 현장은 변화로 성장하고 지속된다. 당장 문제가 없어도 안심은 금물이다. 반대로 좌초되기 직전의 선박처럼 위태로워도 실망할 필요는 없다. 현장은 얼마든지 바뀔 수 있기 때문이다.

그렇다면 어떻게 해야 현장을 바꿀 수 있을까. 생각보다 어렵지 않다. 현장을 제대로 보고 왜 바꿔야 하는지를 깨달았다면 그다음은 시간문제다. 현장은 기술이 아닌 정신, 즉 마인드에 의해 변화한다.

좋은 현장과 나쁜 현장은 명확하게 구분된다. 좋은 현장은 변화에 능동적으로 대처하고 생기 넘치며 성과도 좋은 현장이다. 나쁜 현장은 변화에 둔감하고, 생동감이 없다. 힘은 힘대로 드는데 성과는 좋지 않다. 그러나 현재의 현장이 나쁜 현장이라도 실망할 필요는 없다. 현장은 고정 불변한 것이 아니다. 마인드에 따라 얼마든지 좋은 현장으로 바꿔나갈 수 있다.

2017년 11월 8일부터 12일까지 지자체에서 초청을 받고 일본으로 4박 5일 연수를 다녀왔다. 일정 중 가장 나를 매료시켰던 것은 2일차에 방문했던 한 남자의 현장이다.

다카마쓰 항에서 페리를 35분 타고가면 시코쿠 섬 위쪽에 위치한 쇼도시마라는 섬이 나온다. 우리가 방문한 곳은 야마로쿠간장주식회사로 메이지 원년(1868년) 무렵에 창립되어 지금 5대째 가업이 이어지고 있는 유서 깊은 현장이다.

일본에서 간장을 만드는 업체는 1,400여 개가 있는데, 그 중 20개 업체가 쇼도시마 섬에 위치하고 있다. 그러나 일본에서 나무통을 이용해 간장을 제조하는 곳은 드물다. 야마로쿠간장은 현재 사용하는 31개의 나무통과 20개의 오래된 나무통, 기타 용도로 사용하는 나무통까지 총 66개의 나무통을 보유하고 있다. 야마로쿠간장은 일본의 간장 업계에서 나무통 보유수량을 기준으로 했을 때 10위 정도의 규모다.

야마로쿠간장이 지금까지 나무통으로 간장을 만드는 방법을 고수하게 된 데는 사연이 있다. 현재 야마로쿠간장을 이끄는 야마모

야마로쿠간장에서 사용중인 나무통들

토 야스오 사장은 그때의 상황을 다음과 같이 회상했다.

“간장 산업 자체의 규모가 크지 않고 저희 기업 역시 작은 규모라 스테인리스로 된 탱크를 구입할 돈이 없어서 결국 지금의 방식을 고수하게 되었습니다. 자본투자를 받지 못해서 어쩔 수 없이 나무통을 고수할 수밖에 없었던 거지요. 보통 나무통을 사용하는 다른 회사에는 스테인리스 탱크도 있어서 서로 보완할 수 있는데 저희 회사는 자금 여력이 없어 그런 시스템을 갖추기 어려웠습니다. 2010년에 수소문하여 간장 나무통을 제조하는 곳을 찾았는데 딱 한 군데 있었습니다. 그곳에 나무통을 주문하러 갔을 때 우리보다 그들이 더 놀랬습니다. 2차 세계대전이 끝나고 처음으로 나무통

주문이 들어온 거라고 말하더군요. 나무통은 한번 만들면 수명이 150년쯤 되기에 수익이 나지 않아서 자신들도 2020년이면 사업을 접을 생각이라고 말했어요."

야마모토 야스오 사장은 중대한 결단을 내린다. 은행에서 돈을 빌려 유일하게 남은 간장 나무통을 만드는 곳으로 목수 2명을 데리고 갔다. 나무통을 만드는 장인이 2020년에 나무통 만들기를 그만둘 예정이라고 말했으니 더 이상 지체할 시간이 없었다.

"제가 살아있는 동안은 문제가 없는데, 50년 후에는 더 이상 나무통으로 전통적 간장을 만들기가 불가능해집니다. 나무통이 사라진다면 아들, 손자 대에 가면 나무통으로 만드는 천연 조미료는 사라지게 되는 것이죠."

야마로쿠간장은 기술을 배워서 2014년 4개, 2015년 4개, 2016년 5개의 나무통을 만들었다. 13개중에서 6개는 야마로쿠간장에서 사용하고, 2개는 다른 간장회사에 판매했다. 또한 3개는 여유분으로 두었고, 다른 하나는 도시 전철역 앞에 전시해놓은 상태다. 마지막 하나는 현재 이탈리아에 가 있다.

나무통이 이탈리아에 가게 된 것은 밀라노 만국박람회 때문이다. 만국박람회 관계자가 나무통 진열을 부탁했는데, 정부와 현 차원에서는 도움을 줄 수 없다고 해서 야마로쿠간장이 밀라노까지 자력으로 옮겼다. 만국박람회 3군데를 옮기면서 진열한 후 다시

야마로쿠간장에서 만든 간장 나무통

가지고 돌아오는 것이 쉽지 않아 고민하던 중 마침 생맥주 제조 창업을 준비 중이던 일본인을 만났다. 이탈리아에서 일본인을 대상으로 통역 아르바이트를 하던 분이었는데, 맥주 나무통을 수집한다고 했다. 그 분을 만나 나무통을 이용해 맥주를 만들어 달라는 조건으로 2천만 원에 달하는 나무통을 공짜로 주었다. 그러면서 맥주를 시판할 때 상품 설명에 '기요케(나무통)'라는 말을 넣거나 나무통 사진을 붙여줄 것을 부탁했다.

2018년 4월 나무통을 이용해서 만든 첫 맥주가 나온다. 야마모토 야스오 사장은 그 맥주가 호평을 받아 이탈리아에서 화제가 되면 나무통에 대한 평가도 달라질 것을 기대하고 있다. 보통 이탈리아에서 일본의 제품이 화제가 되면 1%였던 시장 점유율이 2%로 확산되어 왔다고 한다. 나무통 역시 시장이 1%에서 2%로 확대되면 나무통 수요 자체가 3,000개로 늘어날 수 있다. 그렇게 되면 나무통 기술이 계속 이어질 테고, 나무통으로 만드는 간장 시장 역시 1세대, 2세대에서 끝나지 않고 향후 더 큰 시장으로 확대될 가능성이 크다.

야마모토 사장의 이야기를 들으면서 야마로쿠간장이야말로 많은 사람의 귀감이 될만한 현장 모델이라는 생각을 하게 되었다. 간장공장은 어찌 보면 시대에 뒤떨어진 낡은 현장일 수 있다. 야마모토 사장은 그대로 두면 사라져버렸을 현장을 오히려 그 어떤 현장보다도 미래지향적인 현장으로 바꾸는 데 성공했다. 스스로 지극히 평범한 현장을 비범한 현장으로 발전시킨 것이다.

많은 사람이 자신의 현장을 고민한다. 나 또한 새로운 현장, 본깨적연구소를 만들기 시작하면서 이런 저런 고민이 많아 야마모토 사장에게 힘이 될 수 있는 한 마디를 부탁했다.

"어떤 것을 선택할 때 저만의 기준이 있습니다. 바로 이 일이 재미있을까, 없을까를 생각하는 것이죠. 재미가 없으면 오래 갈 수 없습니다. 나무통을 직접 만들었던 것도 재미있을 것 같아서였습니다. 간장을 만드는 사람이 나무통까지 만든다면 재미있지 않을까? 누군가가 해야 할 일이라면 내가 해야 하지 않을까 해서 나무통을 만들기로 결정했던 것입니다."

사라질 수도 있었던 현장을 직접 나무통을 만들면서 시간이 지날수록 더 빛나는 비범한 현장으로 만든 사람의 답변치고는 단순했다. 하지만 나쁜 현장을 좋은 현장으로 바꾸는 일은 생각보다 작은 요소로부터 시작되기도 한다. 나쁜 현장에 어떤 문제점이 있는지 살펴보고, 그중 가장 쉽게 실행할 수 있는 일 하나를 실행에 옮기는 것만으로도 변화가 시작되고 커리어가 발전하는 것이다.

또 다른 비범한 현장이 있다. 2016년 가을, 대학원 수업 과정의 일환으로 미국 LA에 위치한 외식업체들을 방문한 적이 있다. 미국 현지의 다양한 외식업체를 방문해 음식을 먹어보는 형태의 수업

야마로쿠간장을 이어받아 5대째 경영하고 있는 야마모토 야스오 사장

이었다. 연수했던 많은 현장 중 가장 비범했던 현장으로는 '홀푸드 마켓(Whole Foods Market)'을 꼽는다. 전통적인 방식으로 재배한 유기농 작물만을 판매하는 식품매장이다. 1980년 9월 미국 텍사스의 오스틴에서 작은 매장으로 시작해 현재는 북미 지역과 영국에 473개(2017년 12월 기준)의 매장을 보유하고 있다. 유기농 식품을 판매한다는 차별화된 전략으로 채소나 고기, 생활용품 등 모든 제품에 대해 엄격한 품질 검사를 거친 다음 판매한다. 모든 식품 포장에 유전자 변형 식품을 사용하지 않았다는 의미의 'NON GMO'가 표기되어 있다. 제품 판매 외에 쿠킹 클래스도 운영한다. 전문 셰프가 직접 클래스를 진행하기 때문에 참여를 원하는 사람이 많아 성공적이라고 한다. 그러나 평범한 현장을 비범한 현장으로 만

기업 정신과 시스템의 필요성

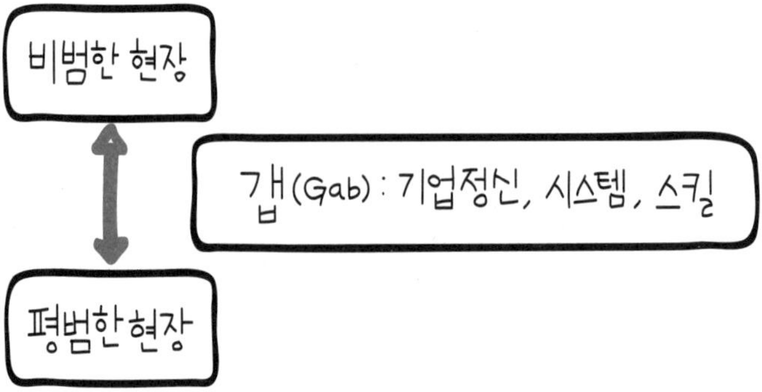

들기 위해서는 고객에게 집중하는 것만으로는 부족하다. 현장을 변화시키려는 노력이 단순한 활동으로 끝나지 않고 조직적인 시스템으로 전환되었을 때 비로소 비범한 현장이 탄생한다. 이를 위해서는 기업 정신과 시스템, 스킬이 필요하다.

기업 정신은 구성원 모두가 공감하고 수용하는 그 기업만의 철학이다. 시스템은 활동을 능력으로 전환하는 과정에서 지속적으로 같은 결과가 나올 수 있게 도와주는 도구를 말한다. 이 기업 정신과 시스템으로 비범한 현장을 만들어낸 대표적인 분이 김승호 회장님이다.

김승호 회장님의 스노우폭스는 '그랩 앤 고(Grab&Go)'라는 시스템을 기반으로 운영된다. 그랩 앤 고는 편의점과 식당의 중간 형태로, 고객이 보는 앞에서 음식을 만들어 진열대에 놓으면 고객이 그중 먹고싶은 음식을 골라 가져가는 방식이다. 현장에서 만드는 즉석요리지만 미리 만들어놓기 때문에 기다리지 않아도 된다.

김승호 회장님과 이야기를 나누기 전에는 단순히 외식 사업에 통찰이 있는 분이라고 생각했지만 그랩 앤 고 시스템을 채택한 이유를 듣고 난 후에는 시장을 꿰뚫어보는 회장님의 치밀한 안목에 감탄하게 됐다.

"건물 임대료가 비싼 상황에서는 주문 과정이 단순해야 합니다. 주문이 많이 밀리면 기다리는 시간이 길어지기 때문에 음식을 만들어놓아야 하는데, 수요 예측을 잘못해서 너무 많이 만들었다가는 재고 부담으로 무너지게 됩니다. 결국 그랩 앤 고 시스템을 이용해 재고와 고객 숫자를 일치시키는 것이 중요하다고 판단했습니다."

임대료가 비싼 곳에서 살아남기 위해 고객이 직접 상품을 고르고 테이크 아웃할 수 있는 그랩 앤 고 시스템으로 회전율을 높인 것이다. 비범한 현장을 만들기 위해 효율적으로 매장을 운영할 수 있는 시스템을 채택한 것도 대단했지만, 더욱 놀라운 것은 김승호 회장님의 마인드였다.

"나는 플랫폼 사업을 하는 것이지, 외식 사업을 한다고 생각해 본 적은 없습니다."

단순히 맛있는 도시락에만 집중한 것이 아니라 신선한 도시락을 고객에게 전달할 수 있는 플랫폼까지 내다본 것이다. 그리고 외식 사업을 하는 게 아니라고 하셨지만, 현재의 스노우폭스를 가능케 한 신선하고 맛있는 도시락을 만들기 위해 그가 어떤 노력을 해왔는지 누구나 짐작 가능할 것이다.

이처럼 눈에 보이지 않는 현장을 보려면 그 안에 깊숙이 들어가기도 하고 가장 멀리 떨어져보기도 해야 한다. 그렇게 노력하다 보면 눈에 보이지 않는 현장까지 보게 되고, 평범한 현장을 비범한 현장으로 바꿀 수 있다.

나를 알고 적을 알면 백 번 싸워도 위태롭지 않다

현장과 계곡에는 공통점이 있다. 흐르는 물에 발을 담그고 있는 사람은 발을 감싼 물이 매 순간 새로운 물인지 인지하지 못한다.

현장도 마찬가지다. 우리는 매일 똑같은 현장에 있다는 착각에 빠지기 쉽다. 매일 출근하는 건물도, 만나는 사람도, 하는 일도 같으니 그럴 만하다. 하지만 현장은 계곡에서 흐르는 물처럼 수시로 변한다. 그 작은 변화를 보지 못하기에 현장이 언제나 같다고 생각하게 되는 것이다.

끊임없이 변하는 현장을 제대로 보는 건 쉽지 않다. 그렇다고 포기해서는 안 된다. 처음에는 어려워도 겉모습이 아닌 진짜 모습을 보려고 노력하다 보면 변화를 놓치지 않고 잘 대응할 수 있다.

현장을 제대로 보려면 현장이 무엇인지부터 알아야 한다. 이해하는 만큼 보이는 것이 현장이다. 현장의 사전적 의미는 '일을 실제 진행하거나 작업하는 곳'이다. 사전적 의미를 기준으로 보면 현장은 물리적인 공간처럼 느껴진다. 예를 들어 내가 안경사로 일했을 때 나의 현장은 안경원이라고 생각하기 쉽다.

하지만 이 책에서 강조하며 정의하는 현장은 그 의미가 확대된다. 현장은 일을 하는 물리적인 공간만을 의미하지 않는다. 물리적인 공간보다 더 중요한 현장은 사람이다. 함께 일하는 동료와 고객이 현장인 셈이다. 안경사로 일했던 시절의 현장은 함께 일하는 동료들과 안경원을 찾는 고객들, 안경을 납품하는 거래처다. 현재 나의 현장은 내 강의를 듣는 사람들, 함께 프로그램을 개발하는 연구소의 동료들이다.

어떤 제품을 개발할 때 인터넷만 뒤져서는 좋은 제품을 개발하기 어렵다. 제품을 필요로 하는 미래의 고객 속으로 들어가야 한다. 고객이 곧 현장이기 때문이다. 현장에서 고객이 무엇을 필요로 하는지를 알아내야 좋은 제품을 개발할 수 있다. 하지만 사람이 중심이 되는 현장은 그냥 눈으로만 보면 본질을 파악하기 어렵기 때문에 현장의 소리를 들어야 한다. 눈 대신 귀를 열고 현장의 소리를 들으면 현장을 제대로 이해할 수 있다. 첫술에 배부를 수 없듯, 지속적으로 경청하고 반영하기를 반복해야 비로소 온전한 현장이 눈에 들어온다. 현장을 제대로 인식하면 언제, 어떻게, 어떤 일을 해야 할지가 자연스럽게 보인다. 다음 질문을 통해 자신의 현장을 다시 정의해보라.

1. 현장이란 무엇인가?
2. 나의 현장은 어디에 있는가?
3. 나의 일터를 재정의한다면?

나는 8년 동안 200여 개 기업을 상대로 독서경영을 진행했다. 독서경영은 한국발명진흥회 최종엽 전 부회장님의 제안을 계기로 출범했기 때문에 한국발명진흥회가 내 첫 번째 고객이 되었다.

하지만 현장에서의 반응은 싸늘했다. 열심히 준비했지만 현장을 제대로 파악하지 못한 채 독서경영을 진행한 대가는 혹독했다. 정말 많은 문제가 봇물처럼 터졌고, 불만의 목소리가 끊임없이 나왔다. 틀린 말이 없었기에 반박조차 할 수 없었다. 하지만 주저앉을 수는 없었다. 실패를 교훈 삼아 두 번째 회사와 독서경영을 시작했다. 자동차 시동에 필요한 부품인 정류자를 생산하는 일진커뮤테이터라는 제조업체였다. 강의가 끝난 후에는 피드백을 받았다. 일진의 경영진과 독서경영 담당자가 꼼꼼하게 평가해줬다. 누군가 나에게 8년이 넘도록 독서경영을 진행할 수 있었던 비결을 꼽으라면 난 주저 없이 일진의 김현정 부장을 말할 것이다.

그녀는 내게 일진이 어떤 일을 하는지, 직원들이 어떤 어려움을 겪고 있는지, 강의에서 어떤 내용에 반응을 하고, 어떤 점을 싫어하는지 꼼꼼하게 알려주었다. 내가 알아야 할 모든 것을 알려주는 또 하나의 살아 있는 현장이었다. 내가 한 것이라고는 열심히 듣고 메모하는 것뿐이었다. 그것만으로도 현장을 충분히 이해할 수 있었고, 이를 토대로 점점 더 좋은 반응을 끌어낼 수 있었다. 6회로 계획됐던 독서경영은 62회까지 연장됐다. 이후 나는 언제나 현장의 목소리를 최우선으로 한다. 현장의 주체들이 무엇을 필요로 하는지를 살펴보면서 독서경영을 진행했다.

현장을 제대로 볼 수 있는 좋은 방법 중 하나는 기록하는 것이다. 아무리 열심히 보고 들어도 시간이 지날수록 기억은 희미해진다. 현장은 수시로 변하기 때문에 이미 지나간 현장에 집착해서는 안 되지만 그렇다고 과거의 현장을 무시해서도 안 된다. 현장의 역사를 통해 나아가야 할 방향을 알 수 있기 때문이다.

나는 지난 8년간 하루도 빠짐없이 어떤 일을 했는지, 누구를 만났는지, 어떤 책을 읽었는지, 무슨 생각을 했는지를 기록하여 바인더로 만들었다. 강규형 대표님의 바인더를 본 것이 계기가 되었는데, 강 대표님이 얼마나 치열하게 현장을 누볐는지가 고스란히 느껴지는 기록이 있다.

강규형 대표 주간 업무 계획표(1992년)

주간업무계획표

기간 : 7/13 - 7/18

계획							
	월 7/13	화 /14	수 /15	목 /16	금 /17	토 /18	
Event	월요모임		·결재		제헌절		
7	↕ AM모임					↕ 성경공부	7
8	↕ 월요모임						8
9		QT 및 체조					9
10		Team장 회의 (Team 회의)		Team 회의	↕ (바지공장)		10
11							11
12		점심식사					12
1	↕ 결재 계획	↕ 신와 배송	↕ 결재.			↕ 계산서 마감	1
2							2
3						↕ 청소	3
4							4
5							5
6							6
7							7
8							8
9							9
평가	·김미영氏 월차						

강규형 대표 주간 업무 계획표(2016년)

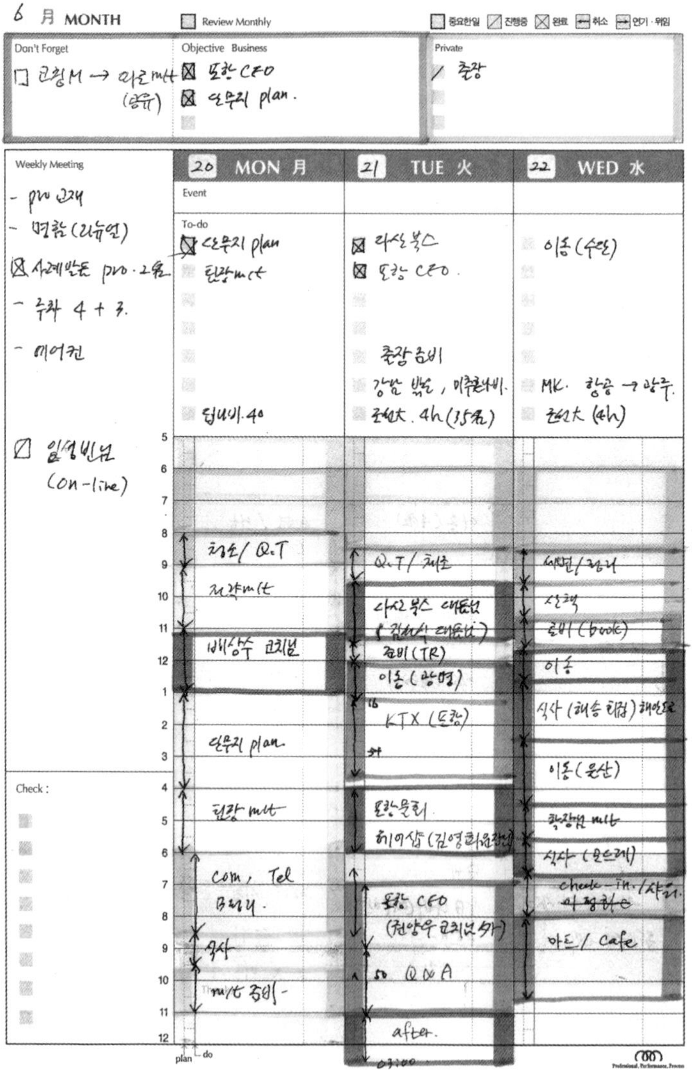
6 月 MONTH — Review Monthly — 중요한일 / 진행중 / 완료 / 취소 / 연기·위임

Don't Forget	Objective Business	Private
교황M → 와르mtt (공유)	포항 CEO 단무지 plan.	출장

Weekly Meeting

- pro 교재
- 명함(리뉴얼)
- 사례발표 pro. 2월
- 주차 4+3.
- 에어컨
- 임원빈날 (on-line)

	20 MON 月	21 TUE 火	22 WED 水
Event			
To-do	단무지 plan 전략mtt 텝비비.40	리스크북스 포항 CEO. 출장준비 강남 발표, 미추홀비비. 코칭. 4h(35분)	이동(수원) MK. 항공 → 광주. 코칭 (4h)
5–12	청소/Q.T 전략mtt 비상주 교회널 단무지 plan 전략 mtt com, Tel 정리. 식사 mtt 준비-	Q.T/체조 다시로 북스 대표님 (김상석 대표님) 준비(TR) 이동(광명) KTX(포항) 포항클럽 워크샵(김영화 원장님) 포항 CEO (천양우 교회님 外) Q&A after.	세미나/정리 산책 리뷰(book) 이동 식사(해송 회관) 해안도로 이동(울산) 학장님 mtt 식사(모든래) check-in./샤워 마트/Cafe

Check :

plan do

강규형 대표 이랜드 재직 시절 의류 패턴 스케치

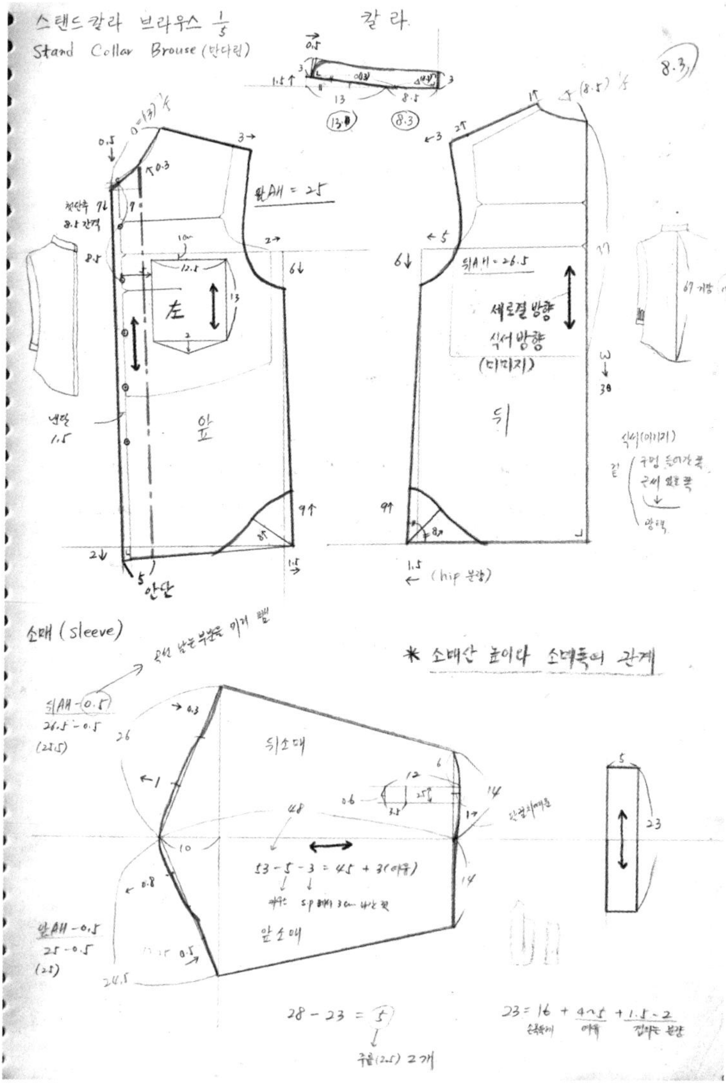

스탠드 칼라 재봉 순서 (시접: overlock 처리)

· 심지 부착 부위 : 겉칼라, 겉커프스, 주머니부리, 안단

· 부분봉을 만들어 놓는다. 1) 칼라 2) 커프스 3) 주머니 4) 소매트임

· 주머니 부착

앞·뒤 어깨선을 연결

· 목둘레선에 칼라 연결

· AH선에 소매 연결시키고 시접 몸판 쪽으로 꺾어서 겉에서 1/16"로 스티치

몸판 옆선과 소매 옆선을 계속해서 박고

· 소매 부리에 커프스를 연결시킨.

· 아랫단 0.5 접어서 완성선 접음 후 겉에서 0.4로 눌러 박음.

· 오른쪽 몸판 중심선에 세로 단추구멍을 뚫고 왼쪽 몸판 중심에는 단추를 단다

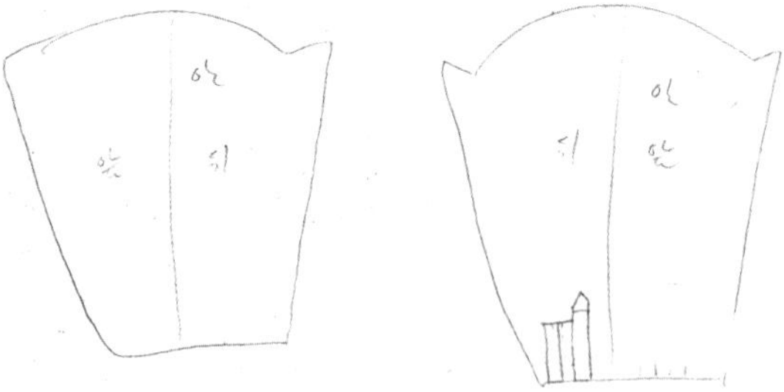

강 대표님의 바인더를 보니 바인더는 단순한 기록이 아닌 현장에서 터득한 노하우를 축적한 결과물이란 생각이 저절로 들었다. 또한 현장은 단순히 돈을 버는 곳이 아니라 일을 통해 자신의 업을 바로 세우고, 전문성을 키우는 곳임을 알았다.

조금만 시간을 내서 오늘 하루 자신이 했던 일을 적어보자. 5분이라도 괜찮으니 시간을 내서 기록해볼 것을 강력하게 권한다. 한 달만 지나면 지금껏 보지 못했던 현장의 모습이 보일 것이다. 자신이 일에 끌려다니는지, 아니면 일을 지배하는지 알 수 있고 어느 수준으로 일하고 있는지도 객관적으로 볼 수 있다. 늘 변화에 맞춰 일하는 방식을 바꿔왔다고 자신하던 사람도 기록을 보고 자신이 지금껏 같은 패턴으로 일하고 있었음을 알아채기도 한다.

다음 사진들은 나의 8년간의 변화를 보여주는 실제 수첩 사진이다. 2009년, 2012년, 2016년의 변화 과정과 차이가 한눈에 보인다.

박상배 대표 주간 계획표(2009년)

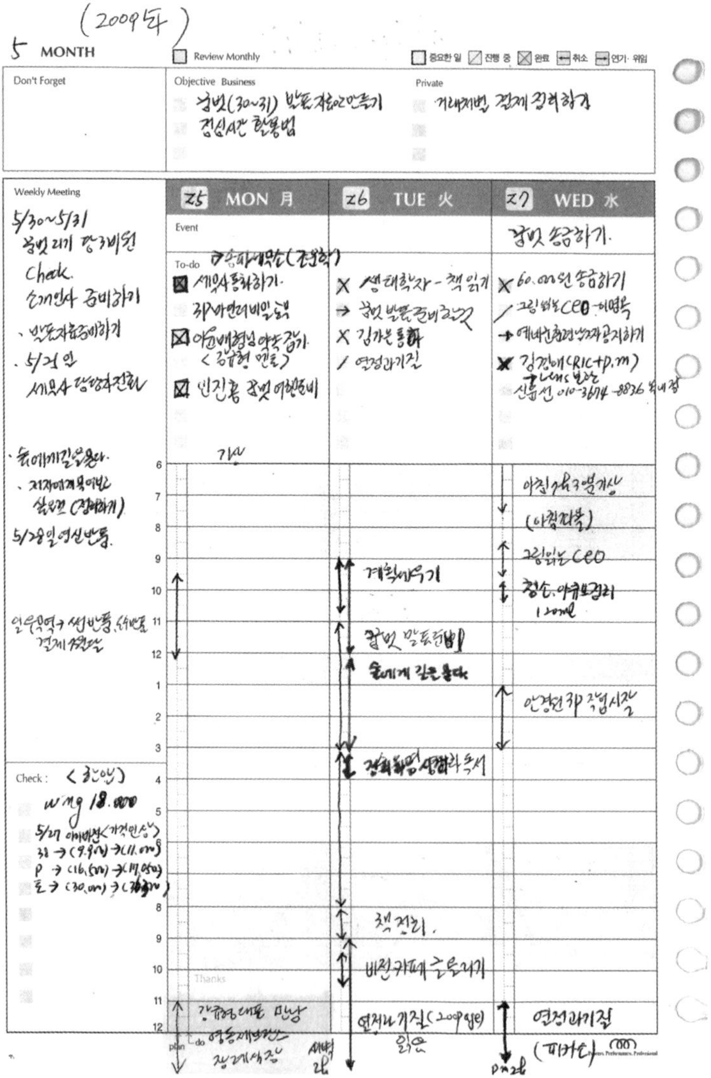

(2009년)

5 MONTH

Review Monthly

중요한 일 / 진행 중 / 완료 / 취소 / 연기·위임

Don't Forget	Objective Business	Private
	공빗(30~31) 발표자료 만들기 점심시간 활용법	거래처별, 결제 정리하기

Weekly Meeting

5/30~5/31
공빗 리더 강의 준비
Check.
소개인사 준비하기
、발표자료 준비하기
、5/29일
세무사 담당자 전화

、숲에게 길을 묻다.
、지자에게 묻어보고 살으면 (정리하기)
5/28일 역신반품.

업무목록 → 설반품, 소반품 결제 처리

Check : <3만원>
wing 18.000
5/27 아바반품<가격인상>
33 → (9.900) → (11.000)
P → (16.500) → (17.050)
E → (30.000) → (...)

	25 MON 月	26 TUE 火	27 WED 水
Event			공빗 송금하기.
To-do	→ 숲에게 묻는다(조용히) ☒ 세무사 통화하기. 3P 파일 리비오 유형 ☒ 아침배 정상 연락 검토하기. <강규형 멘토> ☒ 인진홍 공빗 여행준비	✕ 생태학자 - 책 읽기 → 공빗 발표 준비하기 ✕ 김가온 통화 / 연결과기 정리	✕ 60,000원 송금하기 / 그림 읽는 CEO - 이명옥 → 예비인증 결제 처리하기 ✕ 강경애(RIC+P.M) 신윤선 010-3674-8836
6	7시		아침 7시 3번 기상
7			
8			(아침 기록)
9		계획 세우기	그림 읽는 CEO
10	↕		청소, 야채 정리 120ml
11		공빗 발표 준비	
12		숲에게 길을 묻다	
1			안경원 3P 작업시작
2			
3		정리 활용 생태학자 독서	
4			
5			
6			
7			
8			
9		책 정리.	
10	Thanks	비전카페 글 올리기	
11	강규형 대표 만남		
12	행동계획 정리 작성	연결과기 정리(2009월) 읽음	연결과기 정리 (피카소)

박상배 대표 주간 계획표(2009년)

5 MONTH (2009年)　　　　　　　　　　　　study 열정과기건 ☑

Objective Business	Private	☑ (h)그림일보(2CD)
	✗ 생해햇자 -김봉규 멘토 만들기	╱ 선관외 바인딩 최라.(강위정)
	☑ 심리햇자 - 용6한 멘토 만들기	╱ 나의동양 감전출석-강의 〈천화기〉
	☑ 봉사 드림기 check	✗ 숱온 경연하라.

28 THU 木	**29 FRI 金**	**30 SAT 土**	**31 SUN 日**
Event 예비군훈련 (1시까자) →	인서예촌련	강선봉박 여행 (30 ~ 31) (강선봉박 여행후)	
To-do	일요일		
➤ 경성권 시전약도감기(2개)	평창검전 18~1뇨	22기 숙계경비	
☑ 강면기 〈메멘to하자〉 ➤ 이의316 A	고객렵화 경감기	싱싱	
✗ 썬케스 (김면기)	✓ 진욕츠날 〈pm매생〉라한	✗ 예비군 김면 센케스5명	
✗ 이아연 (DFOR +추면)	✓ 이상균 9원 G.P-수러셔생?	╱ 강업덕 (빙축구 11;30	
주장한 (누러)	➤ 싱상항〈이동거감정액〉	╱ 원종기 받조려 (답)	
☑ 필요거스M-2렁 〈빙경2장 김경1장〉	어만주 수러럼(6건) 녹영각신건		저녁6시 처매약속 잡기
6				
7				
8				
9	➤ N동-리 주윤경장			
10	김면류 010-4171-8174			
11	김혜자 010-8891-0761			
12				
1				
2	┌ 나홍왜 이건각속청별생 ┐	인밗8련련		
3	│➤ 최경태 반풍제 감성 │	(pm2시 ~ pm6시)	↑ 원종기 〈누진2건정액표제약〉	
4	│ 산정 헌 〈10.000까〉 │			
5	└ ↑ ────────── ┘			
6				
7				
8				
9				
10				
11	Thanks			
12				

plan ─ do

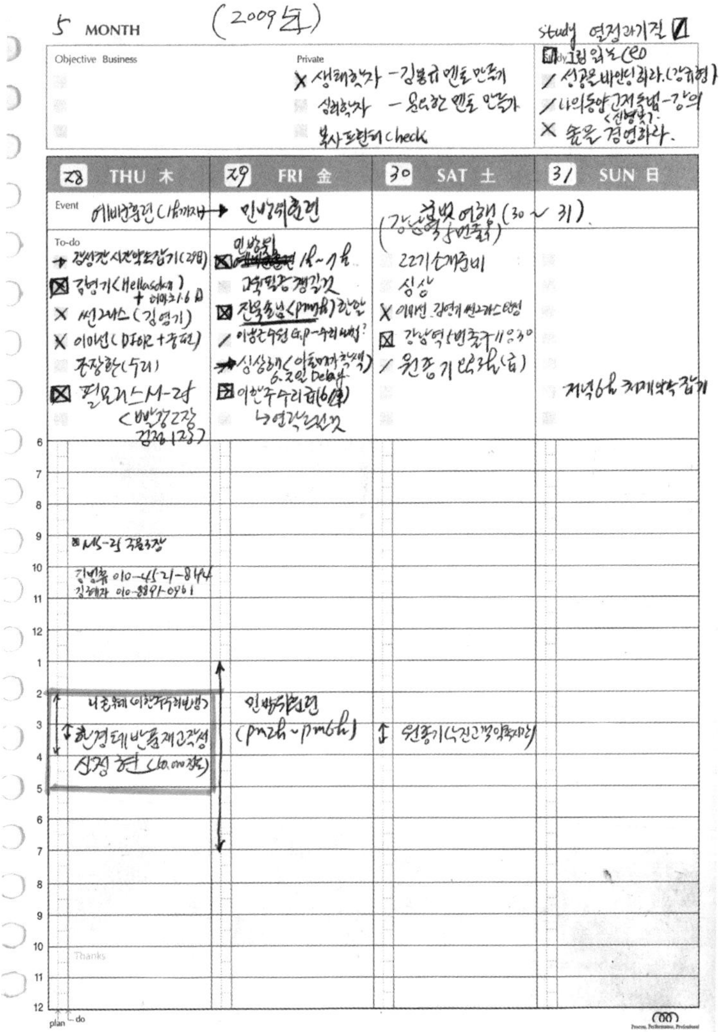

박상배 대표 주간 계획표(2012년)

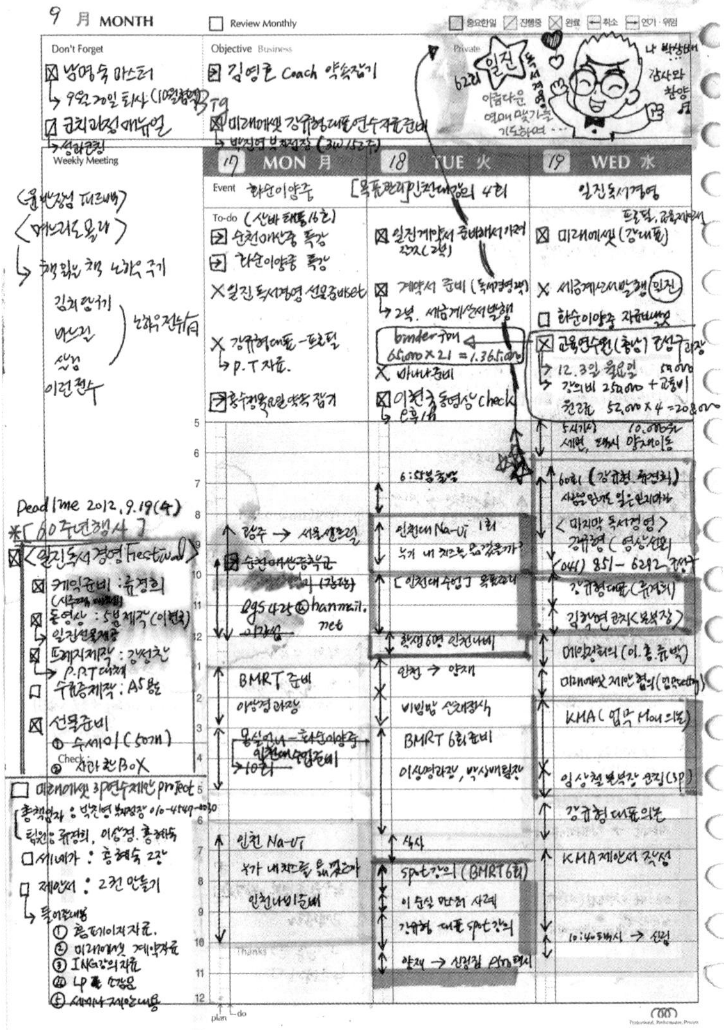

박상배 대표 주간 계획표(2012년)

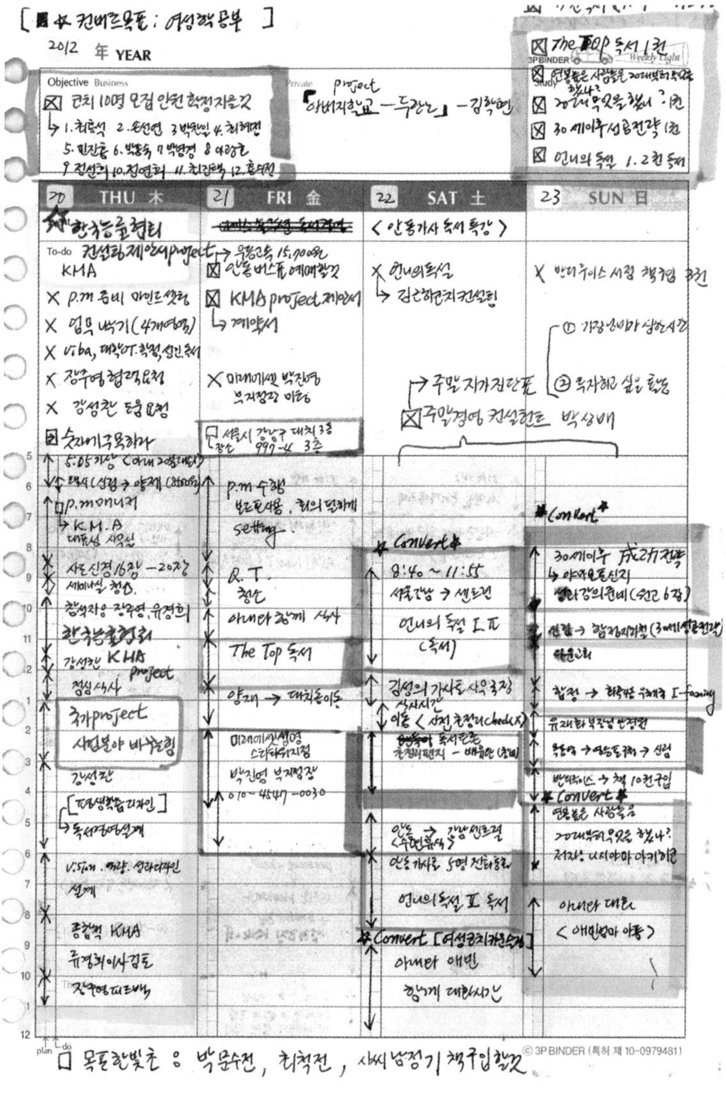

박상배 대표 주간 계획표(2016년)

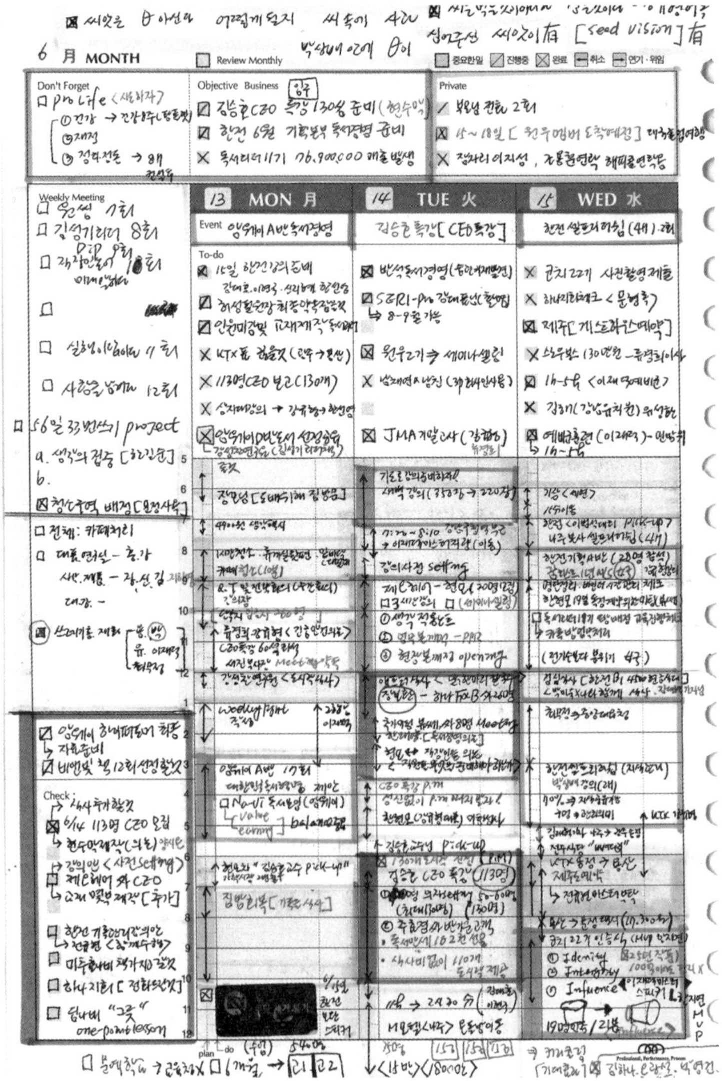

박상배 대표 주간 계획표(2016년)

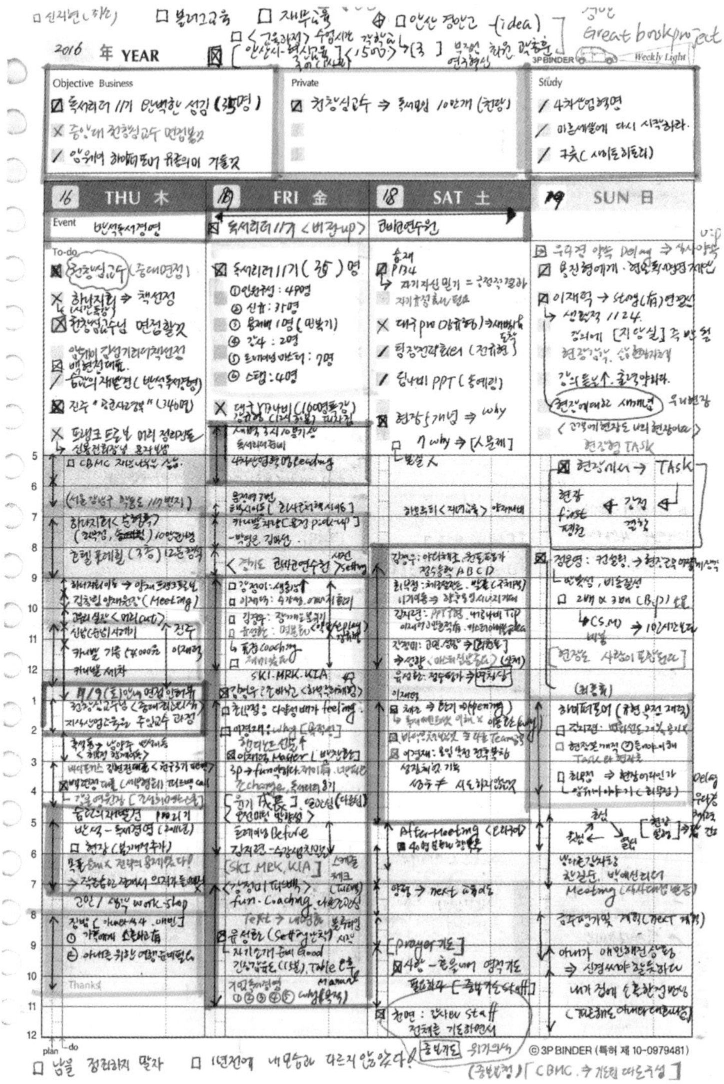

손자병법에는 '지피지기 백전불태'라는 격언이 나온다. 나를 알고 적을 알면 백 번 싸워도 위태롭지 않다는 말이다. 멘토를 만나든, 책을 보든, 세미나를 듣든 성과가 나지 않는 이유는 자신을 객관적으로 볼 시스템이 갖추어져 있지 않기 때문이다.

자신의 현장에서 자신이 무엇을 하고 있는지 볼 수 있는 유일한 방법은 기록하는 것이다. 자신의 업무 방식이 최선이었는지, 상대가 만족했을지, 어떻게 하면 수준을 향상시킬 수 있을지를 고민하고 기록하다 보면 어느 순간 자신만의 현장이 나타나게 될 것이다.

멈추면 비로소 보인다

한현모 스튜디오호감 대표

빅 커리어를 완성한 사람들은 대부분 현장에 강하다. 어떤 일을 하든 직접 현장에 나가 부딪치고 시행착오를 겪으면서 자기만의 지속 가능한 현장을 만들어 나간다. 지금껏 훌륭한 분들을 많이 만났지만 그중에서도 스튜디오호감의 한현모 대표가 특히 현장 지향적인 분이었다.

2011년 말, 그는 서울대 앞 40년 된 건물의 11평 사무실에서 스튜디오호감 1호점을 오픈했다. 스튜디오라고 하기엔 너무 낡고 조그마한 사무실을 선택한 이유는 간단했다. 임대료가 가장 쌌기 때문이다.

주변에서는 우려의 목소리가 많았다. 그러나 우려는 기우라는 것을 증명하듯 7년이 지난 지금 스튜디오호감은 16호점까지 오픈했고, 지점별 월평균 매출이 몇 천만 원 단위다. 네다섯 명의 직원이 올리는 매출이니 이는 어마어마한 수치다.

사실 사진관은 사양산업에 속한다. 디지털 카메라가 등장하면서 사진 업계 전체가 반토막이 났고, 스마트폰이 대중화되면서 거기에서 또 반토막이 났다. 예전엔 동네에서 사진관을 쉽게 찾아볼 수 있었지만 요새는 통 보이질 않는다. 현재 전국 사진관을 통틀어도 약 7천 개 정도에 불과하다. 미용실이 9만 개, 음식점이 50만 개인 것에 비하면 시장이 작아도 너무 작다.

이처럼 시장은 전체적으로 위축되는 추세인데, 유독 스튜디오호감만 번창하는 이유가 무엇일까. 한 대표님과 이야기를 나눠보니 스튜디오호감은 현장 노하우를 바탕으로 철저한 준비와 검증을 거쳐 성장했음을 알 수 있었다.

그는 미국 프로 사진가 협회(PPA)가 인정한 국내 최초의 인상 사진 명장인 김헌 교수님께 개인적으로 사진을 배웠다. 교수님이 운영하던 압구정동 갤러리아 백화점 앞 스튜디오를 오가며 가르침을 받았다고 한다.

또한 스튜디오호감을 창업하기 전에 두 차례 스튜디오를 운영한 경험이 있었다. 첫 번째는 웨딩 스튜디오였는데, 대학 졸업과 동시에 고향인 전주에 오픈했다. 웨딩 스튜디오 사진은 무엇보다 인테리어가 중요하기 때문에 투자를 아끼지 않았다고 한다. 목공

스튜디오호감 1호점

작업이 한 달 넘게 걸렸고, 커튼에만 수천만 원을 투자했다. 그 당시 전주에서는 보기 힘든 스튜디오라는 소문이 나면서 다른 지역 사진관에서도 구경하러 올 정도였다.

매출은 나쁘지 않았지만 웨딩 스튜디오는 성수기와 비수기의 수입 차이가 너무 컸다. 성수기에는 정신없이 바쁘다가도 급격하게 손님이 없어지는 비수기에는 성수기 때 번 돈으로 생활해야 하는 경우가 많았다. 그뿐만 아니라 웨딩 스튜디오 특징상 트렌드에 맞춰 인테리어를 끊임없이 리모델링해야 하는데, 그 비용이 만만치 않았다. 그나마 성수기 때 모아둔 돈으로 할 수 있으면 다행이지만, 벌어 놓은 돈이 없으면 빚을 져가면서라도 꼭 리모델링을 해야했다. 그러지 않으면 운영 자체가 힘들어 지는 것이 웨딩 스튜디오가 가진 약점이었다.

그래서 웨딩 스튜디오 대신 다시 시작한 것이 아기 사진 전문 스튜디오였다. 사업은 순조로웠다. 직원을 일곱 명이나 고용했고, 사진 잘 찍기로 소문이 나면서 당시 최고의 촬영 비용을 받으며 운영할 수 있었다.

그러나 아기 사진 역시 웨딩 스튜디오 사진과 비슷한 문제를 안고 있었다. 성수기와 비수기를 웨딩 스튜디오만큼 타지는 않았지만, 몇 년 동안 신나게 벌어도 리모델링 한 번에 드는 비용이 커서 다시 원점이 되기 십상이었다. 상황이 반복되면서 한 대표는 매너리즘에 빠지게 되었고, 모든 것을 내려놓고 재충전을 위해 2008년, 필리핀으로 단기 이주를 단행했다.

필리핀에 머물렀던 약 2년 반이라는 시간은 그에게 있어 사진 업계를 새롭게 바라볼 수 있게 해준 소중한 시간이 되었다. 멈추면 비로소 보인다고 했던가. 만약 한국에서 계속 사진 사업을 했다면 보지 못했을 부분을 필리핀에서 발견한 것이다. 때로는 현장에서 조금 떨어져 있을 때 비로소 현장이 보이기도 한다. 한 대표의 경우가 그랬다. 고민 끝에 서울에서 증명사진을 전문으로 해보자는 생각이 들었다고 한다.

증명사진은 웨딩이나 아이 사진과 달리 큰 재투자가 필요 없어 마진이 좋다. 건당 수입이 큰 분야만 하다 보니 증명사진은 눈에 들어오지 않았었는데, 현장에서 떨어진 곳에서 다양한 국적의 사람들을 보고, 만나면서 고민하다 보니 증명사진이 보였다. 결심을 굳힌 후 그는 서울로 올라왔다. 서울을 택한 이유는 고향에서는 크게 스튜디오를 운영한 경력이 있어서 자신의 초라한 모습을 드러낼 용기가 나지 않았기 때문이다.

그렇게 서울대 앞 스튜디오호감 1호점이 탄생했다. 전반적 인테리어 설계부터 소품 하나까지 모두 한 대표의 손을 거쳐 완성됐다. 사실 설계를 맡길 만한 여유도 없었다. 하지만 경험이 풍부했기 때문에 사진을 찍는 현장에 대한 이해만큼은 자신이 있었다. 그리고 서울에 있는 사진관들을 둘러보면서 현장 벤치마킹을 했다. 사진을 잘 찍는 곳에서는 배울 것을 찾았고, 못 찍는 곳에서도 타산지석으로 삼을 것을 찾아내 현장에 적용했다.

이러한 노력 덕분에 1호점인 서울대입구점은 작지만 탄탄한 스튜디오로 자리매김할 수 있었다. 인물 사진은 의상, 헤어, 메이크업, 촬영, 수정이라는 다섯 가지 요소가 조화를 이루어야 한다. 이를 감안해 '셀프 파우더룸'을 만들고, 증명사진에 어울리는 의상을 마련했다. 고객이 아무런 준비 없이 오더라도 준비된 모습을 증명사진에 담을 수 있도록 한 것이다.

개업 2~3주 차 때의 일이다. 관악경찰서의 경사 두 분이 정복을 입고 사진관을 찾아 관악산 등반 사진을 출력해달라고 했다. 그중 3장은 A4 사이즈로 뽑아달라고 했지만 당시 스튜디오호감에는 A4 사이즈 출력기가 없었다. 그래도 고객 서비스 차원에서 일단 해드리겠다고 대답했고 곧바로 동작구에 있는 현상소에 사진을 맡겼다. 그러나 깜빡하고 찾아오는 것을 잊어버렸다. 경사가 사진을 찾으러 왔을 때는 이미 늦었다. 실수를 했다며 사과했지만 경사의 반응은 싸늘했다. 한 대표는 거듭 사과하고 그들을 돌려보낸 뒤 퀵으로 사진을 받아 관악경찰서를 찾아갔다.

"주문하신 사진입니다. 오늘 하루 즐겁게 일하시라고 사탕하고 소시지 좀 넣었습니다. 어머니가 직접 만드신 겁니다."

A4 사진 3장 출력하는 비용으로 9천 원을 받고, 퀵 비용이며 선물 비용으로 7만 원을 썼으니 당연히 손해다. 하지만 한 대표는 돈보다 고객이 먼저라는 것을 알았다. 고객을 실망시킨 것이 너무 아쉬웠고, 억만금을 들여서라도 그 진심을 전하고 싶었다.

다행히 진심은 통했다. 이후 운전 면허증에 사용할 사진을 찍으러 오는 사람에게 어떻게 알고 왔느냐고 물으면 대부분 '경찰서에서 가라고 해서 왔다'고 말했다.

취업을 준비하는 서울대생들도 주요 고객이었다. 취업 준비생의 마음을 헤아려 최대한 단정한 모습을 담으려고 노력했다. 시간이 쌓이니 자연스럽게 지원하는 회사의 성격에 따른 사진의 톤을 조언할 수도 있게 되었다. 또한 현상을 기다리면서 무료하지 않도록 PC방 같은 환경과 간단한 간식거리를 제공했다. 특히 수정을 마친 여러 장의 사진을 모두 보여주고 고객이 사진을 직접 정할 수 있도록 하고, 수정 과정에서도 고객의 의견을 적극적으로 듣고 바로 반영했다. 이런 배려는 당연히 입소문이 났고, 스튜디오호감은 학생들 사이에서 폭발적인 인기를 끌었다. 진심을 다해 고객 입장에서 생각하면 고객의 결핍이 보이는 법이다.

스튜디오호감의 또 다른 경쟁력은 끊임없이 현장을 업그레이드한다는 데 있다. 1호점과 14호점은 확연히 다르다. 한 대표가 다음 현장을 만들 때, 이전 현장의 단점을 보완하기 때문이다.

아무리 도면 설계를 잘해도 현장에서는 수정 사항이 나온다. 햇살이 들어오는 걸 미처 예상하지 못하기도 하고, 실제로 일해보니 동선이 불편하기도 했다. 한 대표는 늘 현장에서 직접 움직이면서 이런 부분을 보완한다. 그러다 보니 14호점은 앞선 매장들의 장점을 모두 모아 더욱 완벽한 모습이다.

외형만 업그레이드한 것이 아니다. 고객 서비스도 발전했다. 처음에는 메이크업 룸이 있었지만 메이크업은 셀프였다. 그러나 고객 스스로 완벽한 메이크업을 하는 것에는 한계가 있었다. 헤어는 더욱 어렵다. 현재는 헤어와 메이크업 패키지 상품도 만들었는데,

스튜디오호감 14호점

여기엔 결정적인 계기가 있다. 어느 추운 날 모자를 쓴 남학생이 사진을 찍으러 왔다. 거울을 보고 준비하라고 했는데, 그는 그냥 바로 카메라 앞에 앉았다. 모자를 벗고 손가락으로 머리를 두어 번 만진 게 전부였다. 메이크업도 헤어도 준비가 안 된 상태에서 사진을 찍으니 아무리 잘 찍어도 최상의 사진을 얻을 수 없었다.

이후 메이크업 전문가를 스카우트했다. 고작 11평짜리 조그만 사진관에 메이크업 전문가를 두는 것은 어찌 보면 황당한 일이다. 하지만 한 대표는 주변의 만류에 개의치 않고 고집스럽게 메이크업 전문가를 고용했고 현재 서울대입구점을 제외한 스튜디오호감

전 지점에는 메이크업 전문가가 상주하고 있다. 서울대점은 환경 특성상 허가가 안 나서 셀프 메이크업만 진행 중이라고 한다.

현장을 업그레이드하다 보면 실수도 발생한다. 한 대표의 경우에는 건대입구 2호점이 그랬다. 건대입구 1호점은 오픈하자마자 손님이 많았다. 감당하지 못할 정도였다. 그러던 중 목이 좋은 자리가 있다는 부동산 중개업자의 권유로 덜컥 2호점을 오픈했다. 1호점이 워낙 잘되니 2호점까지는 문제없을 거라 생각했다.

"현장을 잘못 해석한 거죠. 사진 업계가 작다는 것을 간과했습니다. 근처에 같은 사진관이 두 개나 있으니 상생이 아닌 경쟁이 되더군요."

하지만 현장에 강한 사람은 실패를 실패로만 끝나게 두지 않는다. 한 대표는 건대입구 2호점에서 지금껏 한국에 없던 서비스를 최초로 시도하고 있다. 아무런 준비 없이 즉흥적으로 스튜디오에 방문해도 헤어, 메이크업, 드레스까지 완벽하게 제공받을 수 있는 패키지 상품을 만들었다. 게다가 촬영한 사진을 당일에 바로 수령할 수 있다. 서비스를 실제로 경험해보면 감동은 더욱 크다.

스티브 잡스는 과거와 미래의 점을 이어주는 연결점이라는 개념으로 현재를 설명했다. 과거에 있었던 일이 현재에 영향을 주고 결국 미래의 일과 연결되면서 그 모습이 이루어진다는 것이다. 스튜디오호감 1호점이라는 작은 점은 이제 16개의 지점으로 확대

되면서 점점 더 강력한 현장으로 발전하고 있다. 한 대표의 현장은 마치 살아있는 생명체 같다. 늘 움직이고 발전한다. 지금껏 그가 만들어온 현장도 놀랍지만 앞으로 그가 만들고 발전시킬 현장이 더 기대가 된다. 이대로라면 한 대표가 목표로 하는 100호점 개업을 몇 년 안에 이룰 것이다.

사람이 가장 중요한 현장이다

김수용 엠케이메탈(주) 대표

나는 지금까지 수천억 원의 매출을 자랑하는 대기업부터 대여섯 명의 직원들과 함께 구슬땀을 흘리는 작은 기업까지 다양한 기업들과 독서경영을 진행했다. 나에겐 더없이 소중한 인연이다. 하지만 그중에서도 가장 기대되는 기업 하나를 꼽으라면 주저하지 않고 엠케이메탈을 꼽는다.

엠케이메탈은 2010년에 창립했다. 반도체, 핸드폰, LED 조명 부품을 만드는 회사로 20여 명의 직원이 연매출 50억 원의 수익을 올리고 있는 중소기업이다.

엠케이메탈은 그 어떤 기업보다도 현장 지향적이다. 김수용 대표는 말할 것도 없고, 직원들도 마찬가지다. 무엇보다 김수용 대표는 회사의 구성원이 가장 중요한 현장이고, 직원의 수준이 곧 회사의 수준이라고 생각한다. 그래서 직원들이 발전할 수 있도록 지원을 아끼지 않는다. 내가 엠케이메탈을 주목하는 이유도 여기에 있다. 현장에 강한 직원들이 있는 엠케이메탈의 미래는 밝을 수밖에 없다.

김수용 대표와의 인연은 2009년에 시작되었다. 강규형 대표가 진행하는 셀프 리더십 프로그램에서 김수용 대표를 만났다. 프로그램에 참여했던 대부분의 사람은 구본형 선생님의 『익숙한 것과의 결별』을 읽고 큰 감명을 받은 분들이었다.

"저는 나이가 들어서도 계속 일하는 것이 꿈입니다. 그런데 직장에서는 그 꿈을 이루기가 어렵다는 것을 자각하게 되었지요. 언제가 될지는 모르겠지만 창업을 하고자 합니다."

오랫동안 일하고 싶어서 스스로 일터를 만들겠다는 포부를 밝히는 김수용 대표의 말이 인상적이었다.

그를 다시 만난 것은 2015년이다. 그는 이미 꿈을 이룬 상태였다. 불과 6년이 채 지나지 않았는데, 탄탄한 중소기업을 이끄는 수장으로 다시 내 앞에 나타났다.

창업은 운명처럼 시작되었다고 한다. 창업하기 전에 그는 원자재를 취급하는 직장에 다녔다. 그러다 보니 자연스럽게 원자재를 만드는 거래처를 많이 드나들었고 관련 기술들도 배울 수 있었다. 엠케이메탈이 하는 일도 주로 원자재를 후가공해서 삼성전자 등의 1차 벤더에 납품하는 것이니 직장 생활에서의 경험이 창업에 큰 도움이 된 것이다.

그러나 창업을 결심하게 된 계기는 따로 있었다. 한국에 진출하고 싶어 하는 일본 기업이 기술적 노하우가 있는 김수용 대표를 스카우트했다. 그래서 가족과 함께 일본으로 건너가 2년 가까이 일본 기업에서 일했다. 이 시기에 경험과 사고의 폭이 넓어지면서 막연하게 꿈꾸던 창업을 구체적으로 계획할 수 있었다. 일본에서의 근무를 마치고 다시 한국으로 돌아와 1년 정도 더 직장에 다녔지만, 그 시간은 역시 직장은 오랫동안 열정을 불태우며 일하기에

김수용 대표의 서재

는 한계가 있다는 사실만 확인시켜줬다.

제조업은 설비에 투자 비용이 많이 든다. 설비 하나가 최소 수억 원 이상이니 처음에는 외주로 제품을 만들 수밖에 없었다. 직장을 다니면서 거래처들의 신뢰를 얻었기 때문에 수주는 어렵지 않게 받을 수 있었지만 제품을 생산할 수 있는 현장이 없어 한계를 느꼈다고 한다.

첫 1~2년은 특히 고생을 많이 했다. 아내와 단 둘이서 사업을 시작했기 때문에 주문을 받는 것부터 외주 업체에 제품 생산을 맡겼다가 수령해서 배달하는 전 과정을 직접 해야 했다. 트럭에 물건을 싣고 하루 종일 배달하다 보면 새벽 3~4시나 되어야 집에 들어갈 수 있었다. 당시 하루에 네 시간 이상 잔 적이 없다고 한다. 쪽잠을 자며 1년에 4~5만 킬로미터씩 운전했다.

성실함과 신뢰를 무기로 열심히 뛴 덕분에 첫해 6개월 동안 2억 6천만 원이라는 매출을 올릴 수 있었다. 직장 다닐 때 연봉이 5천만 원 정도였으니 첫 실적치고는 나쁘지 않았다. 그리고 다음 해에는 매출이 16억 원으로 껑충 뛰었다. 무려 8배 가까이 증가한 것이다. 매출이 오르면서 김 대표는 설비를 갖추어나가기 시작했다. 아무리 매출이 올랐어도 설비가 워낙 비싸기 때문에 대출을 받아야만 마련이 가능했다. 경험해보지 않은 사람들은 모른다. 큰돈을 빌렸기 때문에 혹시라도 갚지 못하면 어쩌나 하는 생각에 전전긍

궁하며 잠도 편하게 못 잤다. 그래도 설비가 늘어날 때마다 외주로 내보내는 공정을 줄일 수 있었고, 지금의 엠케이메탈의 현장이 완성되었다. 모든 공정을 다 처리할 수 있는 지금의 현장을 완성하는 데 설비비만 약 60억 원이 들었다. 사업을 시작한 지 5년이 채 안 된 즈음이었다.

제조업의 위기라고 모두 입을 모아 말한다. 김 대표의 경우만 봐도 알 수 있듯이 설비투자를 많이 해야 하기 때문에 현장을 만드는 것부터 어렵다. 더구나 삼성전자 등의 1차 벤더들이 인건비가 저렴한 베트남이나 중국으로 진출하면서, 가뜩이나 어려운 상황이 더 악화되고 있다. 다행히 엠케이메탈은 거래처가 탄탄한 편이라 그나마 상황이 낫다. 하지만 창업한 지 5년이 지나면서 새로운 동력이 절실해졌다. 경쟁은 심해지고 수익률은 점점 낮아지는 추세다. 직원도 많이 늘어서 한 달 인건비도 무시하지 못할 금액이 되었다.

김 대표는 고민 끝에 창업하기 전에 다녔던 독서 모임인 양재나비를 다시 찾았다. 양재나비를 알게 된 것은 『성공을 바인딩하라』는 책을 통해서였다. 마음에 딱 와 닿는 책이어서 양재나비에 참여하며 책도 많이 읽고, 바인더도 쓰기 시작했다. 그런 노력이 사업하는 데 큰 도움이 되었다고 한다.

특히 바인더는 거래처들로부터 신뢰를 얻는 데 결정적인 역할을 했다. 매일매일의 현장을 기록하고, 해야 할 일을 빠짐없이 기록한 바인더를 보고 거래처들은 군말 없이 김 대표를 믿어주었다. 그런 경험이 그를 다시 양재나비로 이끌었고 나와 5년 만에 재회한 것이다.

그리고 김 대표는 정체된 현장을 강화시키고자 직원들과 함께 독서경영을 시작했다. 그는 엠케이메탈 현장의 핵심은 직원이라고 확신했다.

"제조업 현장은 특히 지속성이 중요합니다. 직원들이 이직하지 않고 긴 시간 함께 일하면 회사의 성과는 저절로 좋아집니다. 예를 들어 A라는 컵을 만들던 사람이 그만두고 다른 사람이 만들게 되면 A라는 컵 대신 B라는 컵이 나올 수 있는 것이 제조업이거든요. 직원들의 역량이 바로 회사의 역량이라고 할 수 있지요."

김 대표는 회사 규모가 커지면서 회사를 혼자의 힘으로 이끌 수 없다는 사실을 절감했다. 직원들의 수준을 향상시켜서 함께 가지 않으면 지금의 현장이 더 이상 발전하지 못하고 이대로 정체되거나 심지어 퇴보할 수도 있다는 위기감이 들었다.

독서경영을 시작한 후 많은 변화가 있었다. 우선 직원들의 생활양식부터 조금씩 달라졌다. 독서경영 이전에는 퇴근 후 술을 자주 마시고 집에 늦거나 잘 안 들어가는 경우가 많아서 가정불화가 잦았고, 과음으로 지각하는 경우도 많았다. 그랬던 직원들이 책을 읽으면서 술을 멀리하고, 현장에 충실하고자 노력하기 시작했다. 가정에도 평화가 찾아왔고, 가정이 안정되면서 현장 생산성은 저절로 향상됐다. 직원들이 책을 읽기 전과 비교했을 때 매출이 약 30퍼센트 이상 늘었다.

엠케이메탈이 독서경영으로 큰 효과를 볼 수 있었던 데는 김 대표의 솔선수범이 큰 역할을 했다. 직원들은 사장의 뒷모습을 보고 성장한다. 5년 전 양재나비를 찾은 김 대표는 이후 꾸준히 책을 읽고 바인더를 썼다. 더 중요한 것은 책을 통해 얻은 통찰로 현장을 발전시킨 것이다. 지금까지 김 대표와 함께 회사를 이끌어온 아내

엠케이메탈 사내 독서경영

도 함께했다.

또한 직원들이 좀 더 쉽게 책을 읽을 수 있는 시스템을 만들었다. 엠케이메탈 직원들은 매일 근무 시간 중에 15분을 활용해서 책을 읽을 수 있다. 보통 다른 대표들은 직원들이 근무 시간에는 일만 하고, 따로 시간을 내서 책을 읽기를 원한다. 독서경영이 이렇게 진행될 경우 직원들이 개인 시간을 빼앗긴다고 여겨 불만스러워하고, 책을 읽지도 않게 된다. 엠케이메탈의 직원들이 책을 많이 읽게 된 데는 김 대표가 결정한 이 시스템의 영향이 컸다.

직원들의 의식이 성장하면서 현장을 보는 안목도 같이 발전했다. 한 달에 한 번 '엠케이메탈 환경 정비'라는 주제로 어떻게 하면 일하기 좋은 현장을 만들 것인지 토론한다. 아이디어를 주고받으면서 현장을 강화시킬 묘안을 찾아내는 시간이다. 예전엔 토론 시간을 주면 10분 만에 끝나곤 했는데, 이제 한 시간도 부족해졌다고 한다.

매출이나 직원 수가 중요한 것이 아니다. 현장의 핵심이자 주인인 구성원들의 수준이 낮은 회사는 모래성이나 마찬가지다. 당장은 그럴듯해 보여도 구성원들이 애정을 갖지 않는 현장, 핵심 역량이 부족한 업체는 언제 망할지 모른다. 내가 엠케이메탈을 그 어떤 현장보다 높게 평가하는 이유도 이 때문이다.

엠케이메탈은 디테일이 강한 일본 기업의 강점과 스피드에 강한 한국 기업의 강점이 결합한 기업으로 성장할 것이다. 대표와 구성원 모두가 현장을 제대로 볼 줄 알고, 함께 계속 발전하면서 지속 가능한 현장을 만들기 위해 노력하기 때문에 충분히 가능하리라 믿는다.

| 에필로그 |

기회는 언제나 위기의 모습으로 다가온다

4차 산업혁명으로 직업이 사라지는 시대라고들 합니다. 변화는 어디를 향해 갈지, 그 과정에서 우리 삶이 어떻게 바뀔지는 예측하기 힘듭니다. 특히 한국은 정부도, 기업도 그리고 개인도 무엇을 준비해야 하는지 몰라 혼란스러워하고 있습니다. 지금까지의 일과 현장을 버리고 4차 산업혁명의 중심축이라는 인공지능을 공부할 수도 없는 노릇입니다. 그렇다고 4차 산업혁명의 파고를 무시하고 원래 하던 그대로 일할 수도 없습니다. 그랬다가는 얼마 가지 않아 도태될 것이 분명하기 때문입니다.

그렇다면 어떻게 해야 할까요? 인공지능이 문제를 해결하는 능력은 인간보다 수십 배, 수백 배 이상 뛰어나다고 합니다. 하지만 아무리 인공지능이 뛰어나도 사람이 더 잘할 수 있는 일, 사람만이

할 수 있는 일이 존재합니다. 지금부터는 질문을 바꿔야 합니다. 문제를 어떻게 해결할 것인가가 아니라 '사람이 인공지능보다 잘 할 수 있는 일은 무엇인가?'와 같이 새로운 관점에서 질문을 해야 합니다. 기존에 없었던 질문을 할 수 있는 사람에게 인공지능은 영화 〈아이언맨〉에 나오는 토니 스타크의 인공지능 컴퓨터 '자비스'와 같은 역할을 해줄 것입니다.

빅 커리어는 대단한 한방으로 만들어내는 퍼포먼스가 아닙니다. 당신이 속해 있는 현장에서 하루에 단 1퍼센트의 시간을 어제와 다른 관점으로 질문하는 과정 속에 싹이 트는 것이지요. 사람은 늘 어제와 같은 방식으로 접근하고 생각하고 일하는 경향이 강합니다. 그래서 새로운 방식으로 현장을 바꿔 성과를 내고 싶어 하는 분들을 위해 이 책을 썼습니다.

빅 커리어 프로그램은 2016년 5월 삶을 변화시키고 싶은 열 명의 참가자 분들과 함께 시작했습니다. 워낙에 자기 발전의 욕구가 크고 이미 독서 본깨적 과정을 밟은 분들이라 어렵지 않게 성과를 낼 수 있을 것이라 생각했습니다. 그러나 예상은 빗나갔지요. 4주 후, 계획했던 목표를 지속적으로 실행한 사람이 절반도 되지 않았습니다.

원인은 많았습니다. 절실함이 부족하기도 했고, 목표가 너무 소박하거나 거창해서 문제인 경우도 있었고, 업무가 너무 많아서 급한 일부터 처리하다 보니 소홀해지기도 했겠지요. 모두들 치열하게 반성하고 부족한 부분을 보완해 다시 한 번 심기일전하기로 약속했습니다.

그리고 작은 변화가 시작됐습니다. 자발적으로 단체 채팅방을 만들어 각자 그날 해야 할 일을 올리기 시작한 것입니다. 목표를 공개하는 것은 큰 의미가 있습니다. 혼자서만 자신의 목표를 알고 있을 때와 공개했을 때의 강제력이 천지차이이기 때문입니다. 그뿐만 아니라 8주 동안 매일 33번씩 목표를 적은 사진도 채팅방에 올려 공유했습니다. 매일 시간을 내서 33번씩 목표를 쓰는 것은 쉬운 일이 아닙니다. 하지만 다른 구성원이 꾸준히 33번씩 쓰는 것을 보면서 해이해졌던 구성원들도 자극을 받았고, 서로의 모습에 아낌없는 박수를 보냈으며, 힘들어하는 구성원들에게는 격려를 아끼지 않았습니다. 이런 방식으로 그들은 8개월 동안 8주 프로그램을 네 번이나 실행했고 구성원들이 저마다 크고 작은 성과를 내면서 단체 채팅방은 에너지가 있게 되었습니다.

그분들을 보면서 빅 커리어 프로그램은 혼자서 할 때보다 여럿이 함께할 때 더 지속하기가 쉽고, 시너지 효과가 크다는 것을 확인했습니다. 주변에 빅 커리어 프로그램을 함께 할 사람이 있다면 당신은 행운아입니다. 당신의 현장을 잘 이해하고 있는 사람이라면 금상첨화겠지요. 하지만 가까운 사람이 없다고 해서 실망할 필요는 없습니다. 함께 발전하기를 진심으로 원하는 사람이라면 누구든 함께할 수 있기 때문입니다.

아프리카 속담 중에 '빨리 가려면 혼자 가고, 멀리 가려면 함께 가라'는 말이 있습니다. 빅 커리어 프로그램에서도 '빨리'는 큰 의미가 없습니다. 어쩌다 한 번 성과를 내는 것보다 작더라도 꾸준히 성과를 내는 것이 중요합니다. 여럿이 함께할 때 오래 지속할 수 있음은 물론, 각자의 성과가 올라가면서 결국 전체의 성과도 올라가는 결과를 불러옵니다. 생각만 해도 행복한 일이지요.

여러분이 빅 커리어 프로그램을 통해 지속 가능한 자신만의 현장을 만들어 행복하게 일할 수 있다면 그보다 큰 보람은 없을 겁니다. 이 책을 읽는 모든 독자들이 빅 커리어 프로그램과 함께 오늘보다 내일이 더 행복할 수 있기를 진심으로 응원합니다.

더불어 본깨적은 성경 큐티에서 시작되는 관찰, 해석, 적용에 뿌리를 두고 있습니다. 이 책은 하나님께서 주신 귀한 선물입니다. 이 책을 쓰는 동안 함께해주신 하나님께 진심으로 감사드립니다.

업의 발견, 업의 실행, 업의 완성
빅 커리어

초판 1쇄 인쇄 2018년 1월 15일
초판 1쇄 발행 2018년 1월 22일

지은이 박상배
펴낸이 김선식

경영총괄 김은영
기획 엔터스코리아 **책임편집** 양예주 **디자인** 황정민 **책임마케터** 최혜령, 이승민
콘텐츠개발4팀장 윤성훈 **콘텐츠개발4팀** 황정민, 양예주, 임경진, 김대한, 임소연
마케팅본부 이주화, 정명찬, 이보민, 최혜령, 김선욱, 이승민, 이수인, 김은지, 유미정, 배시영, 기명리
전략기획팀 김상윤
저작권팀 최하나, 이수민
경영관리팀 허대우, 권송이, 윤이경, 임해랑, 김재경, 한유현

펴낸곳 다산북스 **출판등록** 2005년 12월 23일 제313-2005-00277호
주소 경기도 파주시 회동길 357, 3층
전화 02-702-1724(기획편집) 02-6217-1726(마케팅) 02-704-1724(경영지원)
팩스 02-703-2219 **이메일** dasanbooks@dasanbooks.com
홈페이지 www.dasanbooks.com **블로그** blog.naver.com/dasan_books
종이 (주)한솔피앤에스 **출력 · 인쇄** (주)갑우문화사

ISBN 979-11-306-1559-2 (03190)

- 이 책은 2017년 발간된 『현장 본깨적』의 개정판입니다.
- 책값은 뒤표지에 있습니다.
- 파본은 구입하신 서점에서 교환해드립니다.

- 이 도서의 국립중앙도서관 출판시도서목록(CIP)은 서지정보유통지원시스템 홈페이지(http://seoji.nl.go.kr)와 국가자료공동목록시스템(http://www.nl.go.kr/kolisnet)에서 이용하실 수 있습니다. (CIP제어번호 : CIP2018001281)